Berner Wanderbuch

Thunersee

55 Routenbeschreibungen mit Routenkarten, Routenprofilen und Bildern
Bearbeitet von Gottlieb Schläppi †, überarbeitet durch Marcel Grandjean
Herausgeber: Berner Wanderwege

Kümmerly+Frey

Redaktion: Geschäftsstelle der Berner Wanderwege, Postfach 263, 3000 Bern 25
Bilder: Beyeler, BLS, Gyger, Heiniger, Künzler, Studer, SVZ, VV Thunersee
Zeichnungen: Künzler, Bern. Profile: BWW / F. Bommer-Jeker
Routenkarte: Reproduziert mit Bewilligung des Bundesamtes für Landestopographie vom 16.6.95

Printed in Switzerland ISBN 3-259-03067-0

Umschlagbild: Typisch für die Thunersee-Gegend: das liebliche Gelände und die markanten Berge. Hilterfingen, Thunersee und Niesen.

▸ Inbegriff eines Tales: das Justistal mit Merligen. Rechts die schroffe Flanke des Niederhorns, links der Hang zu den ebenso wilden Zacken des Sigriswilgrates (Routen 15 und 18).

Das Wanderbuch Thunersee beschreibt ein geschlossenes Tourengebiet, das im Norden durch die Alpenrandlinie und den tiefen Zulggraben, im Süden durch die markantesten Vorberge des Berner Oberlandes, Morgenberghorn, Niesen und Stockhorn begrenzt ist. Im Osten schliessen Augstmatthorn und Hohgant das Gebiet gegen Brienzersee und Oberemmental ab, und im Westen reicht es bis zur Wasserscheide von Gurnigel und Gantrisch. Wer in diese Alpenlandschaft hineinreist, benützt von Norden her Thun als einzige Eingangspforte. Die topographisch zentrale Lage liess in diesem Gebiet die wichtigsten Verkehrsknotenpunkte im Berner Oberland entstehen. Es sind Thun, Spiez und Interlaken, die Sammelpunkte des Fremdenverkehrs. Hier liegen aber auch die lieblichen Aufenthaltsorte, die wohl unvergesslich sind: Hilterfingen, Oberhofen, Gunten, Merligen und Spiez. Als eine der ältesten Kulturgegenden des Bernerlandes hat das Gebiet auch eine reiche geschichtliche Vergangenheit. Wir denken dabei an die Schlösser Thun und Spiez, dann auch an die ersten Kirchengründungen im Berner Oberland, wovon Einigen als die älteste gilt.
Äusserst verlockend sind die Landschaften am Thunersee als Wandergebiete. Sowohl dem Spaziergänger wie dem Wanderer, der auch ab und zu einen Gipfel ersteigen möchte, bietet die Thunerseegegend eine prächtige Auswahl der schönsten Touren. Der Verfasser, Gottlieb Schläppi, hat mit der gründlichen Erforschung des Thunerseegebietes Bleibendes geschaffen. Auch Marcel Grandjean, welcher die vorliegende Auflage des Bändchens überarbeitet hat, sei der beste Dank ausgeprochen. Die Neuauflage erfuhr eine weitgehende Umgestaltung. Neben einer klaren Gliederung nach Wandergebieten und Ausgangspunkten enthält sie die vom Wanderer geschätzten Weghöhenprofile, dazu Hinweise über Wegbeschaffenheit, öffentlichen Verkehr, Markierung, verfügbare Karten, Unterkunftsstätten und die Arbeit der Berner Wanderwege ganz allgemein.
Es ist zu hoffen, dass auch die 8. Auflage des Wanderbuches «Thunersee» vielen Wanderlustigen als hilfreicher Führer und Ratgeber in allen Fällen nützliche Dienste leisten wird.

Rudolf Künzler
Präsident der Berner Wanderwege

◀ Wohltuend der Kontrast von Weite und Schroffheit: das Inseli im Gwatt vom Strandweg aus; im Hintergrund der Sigriswilgrat (Routen 44 und 46).

▶▶ Thun, das Tor zum Berner Oberland, wird von zwei Wahrzeichen beherrscht: vom Schloss und von der Kirche. Blick von der Gwattegg auf das untere Thunerseebecken und die Stadt Thun (Routen 43, 44 und 46).

Villers-le-Lac
Les Brenets
Le Locle
Montlebon
La Sagne
Mt Racine
1439
Le Cerneux-Péquignot
Coffrane
Les Ponts-de-Martel
Les Petits Ponts
Peseux
La Brévine
Rochefort
Dombresson
Cernier
Enges
La Neuveville
Cressier
Val de Ruz
Valangin
St-Blaise
Marin-Epagnier
Neuchâtel
Le Landeron
Erlach
Gampelen
Ins
Lüscherz
Müntschemier
Bielersee
Hermrigen
Täuffelen
Hagneck
Aarberg
Kallnach
Lyss
Suberg
Seedorf
Schüpfen
Grossaffoltern
Wengi
Jegens
Messen
Urtenen
Frienisberg
Münchenbuchsee
Meikirch
Uettligen
Kirchlindach
Frieswil
Wohlen b. Bern
BERN
Wileroltigen
Mühleberg
Frauenkappelen
Kerzers
Brüttelen
Corcelles
Colombier
Boudry
Cortaillod
L'Areuse
Travers
Couvet
Creux du Van
1463
Bevaix
Gorgier
Môtiers
Provence
St-Aubin
Mt Aubert
1339
Vaumarcus
Mauborget
Champagne
Concise
Onnens
Grandson
Yvonand
Yverdon-les-Bains
Lac de Neuchâtel
429
Mont Vully
653
Môtier
Cudrefin
Chabrey
Salavaux
Murten
Lac de Morat
Faoug
Avenches
Chevroux
Galmiz
Gempenach
Gümmenen
Wallenbuch
Niederwangen
Wabern
Münchenwiler
Courgevaux
Laupen
Süri
Neuenegg
Köniz
Gurten
858
Gasel
Thörishaus
Clavaleyres
Grossgurmels
Bösingen
Flamatt
Donatyre
Courtepin
Wünnewil
Ueberstorf
Zimmerwald
Niedermuhlern
Grandcour
Domdidier
Dompierre
Estavayer-le-Lac
Font
Bussy
Corcelles-pr.-P.
La Broye
Grolley
Düdingen
Schmitten
Heitenried
Bütschelegg
1056
Schwarzenburg
Rümligen
Belfaux
Mariahilf
Tafers
St. Antoni
Alterswil
Cheyres
Montet (Broye)
Cugy
Payerne
Montagny-la-Ville
Villars-sur-Glâne
Fribourg/Freiburg
Prez-vers-Noréaz
Fétigny
La Vounaise
Nuvilly
Granges
Cuarny
Treytorrens
Cronay
Pomy
Grandsivaz
Trey
Neyruz (FR)
Corserey
Matran
Marly
Giffers
Guggisberg
Riggisberg
Rüschegg
Riffenmatt
Gurnigelbad
Wattenwil
Donneloye
Ursins
Combremont-le-Petit
Marnand
Posieux
Le Mouret
Plaffeien
Prahins
Vuissens
Sédeilles
Chénens
Arconciel
La Glâne
Orsonnens
Villaz-St-Pierre
Plasselb
Ottenleuebad
Schwarzenbühl
Oppens
Lucens
Thierrens
Prévonloup
Treyvaux
Schweinsberg
1645
Sangernboden
Schwefelberg-Bad
2176
Gantrisch
Vuarrens
Fey
Bercher
Curtilles
780
Romont
Mont Gibloux
Le Bry
La Roche
Moudon
513
Possens
Sottens
Le Châtelard
1206
Sorens
Hauteville
1719
La Berra
Schwarzsee
1046
Kaiseregg
2185
Weissenburg
Simme
Échallens
Chavannes-les-Forts
Vuippens
Corbières
Villarvolard
Boltigen
Pfaffenried
Villars-Mendraz
Le Grand Poliez
Vucherens
Rue
Vauderens
Vuisternens-dev.-Romont
Vaulruz
Riaz
Lac de la Gruyère
Crésuz
Reidenbach
845
Bottens
Le Crêt
Bulle
Charmey
Im Fang
Jaun
1509
Weissenbach
Mézières (VD)
Morrens (VD)
Promasen
Porsel
La Tour-de-Trême
Broc
Épagny
Gruyères
830
Montpreveyres
Jaunpass
Ablandschen
Essertes
Oron-la-Ville
Moléson-Village
Semsales
2002
Le Moléson
Enney
Palézieux
Épalinges
Savigny
Forel
809
Châtel-St-Denis
Villars-sous-Mont
Grandvillard
2236
Dent de Ruth
Zweisimmen
948
Blankenburg
Attalens
Puidoux
Lutry
Grandvaux
Pully
Les Paccots
2014
Dent de Lys
Albeuve
2389
Vanil Noir
Saanenmöser
Schönried
Saanen
Rinderberg
2079
St. Stephan
M. Pèlerin
Les Pléiades
1360
Les Sciernes
Montbovon
Rougemont
Cully
Chexbres
Blonay
Château-d'Oex
Rossinière
958
Flendruz
1050
Gstaad
2762
Albristhorn
St-Saphorin
Vevey
La Tour-de-Peilz
Montreux
Les Avants
Les Moulins
Pays d'Enhaut
Wassergrat
2191
Lenk
1068
Rochers de Naye
2042
Caux
Glion
2458
Gummfluh
Lauenen
Lac de l'Hongrin
1445
L'Etivaz
Col des Mosses
Feutersoey
Poschenried
Lugrin
Meillerie
Villeneuve
Les Mosses
Iffigen
Thollon
St-Gingolph
Noville
Tour d'Aï
2331
La Tornette
2540
1189
Gsteig
Rawilpass
2429
St. Paul-en-Chablais
Bernex
2222
Le Bouveret
Le Grammont
2172
Rennaz
Roche
Le Sépey
Leysin
Les Diablerets
3248
Wildhorn
La Dent d'Oche
Chalets de Bise
Miex
Vouvry
Corbeyrier
Vers l'Eglise
1546
Col du Pillon
Col du Sanetsch
N 5
N 12
N 9
E 4
Sense
Saane
Aare

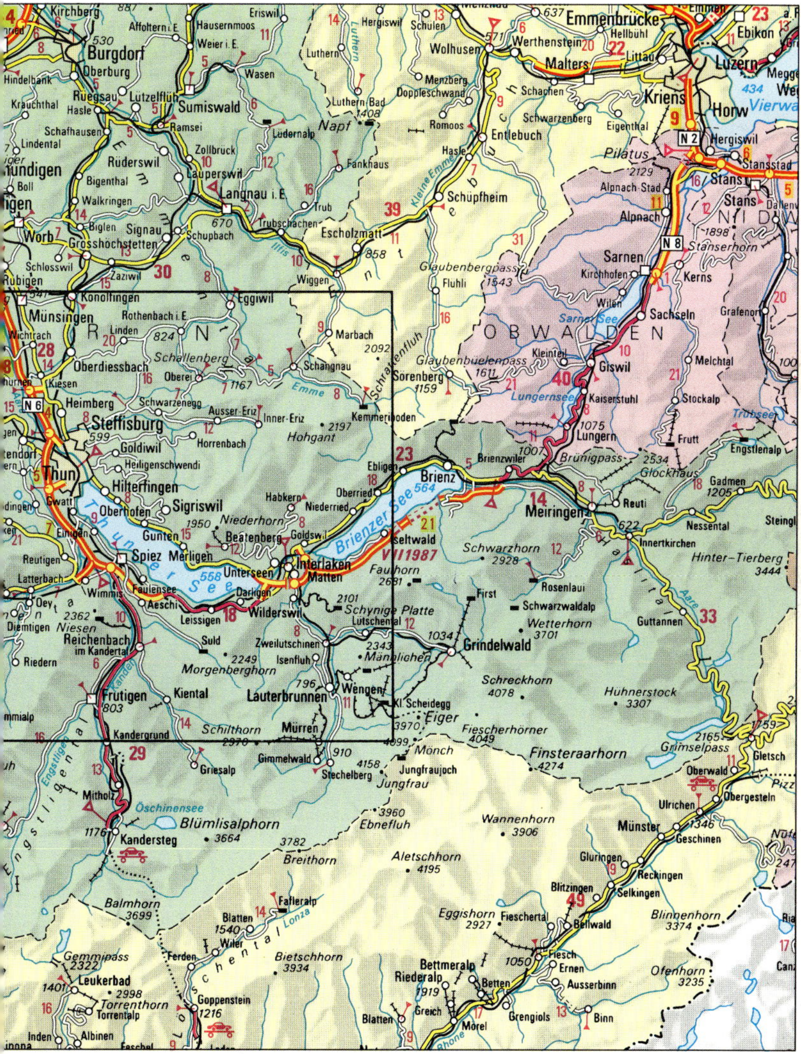
Kirchberg
Affoltern i. E.
Eriswil
Hausernmoos
Weier i. E.
Burgdorf
Oberburg
Hindelbank
Wasen
Rüegsau
Lützelflüh
Sumiswald
Krauchthal
Hasle
Schafhausen
Ramsei
Lüdernalp
Lindental
Zollbrück
Rüderswil
Lauperswil
Bigenthal
Langnau i. E.
Walkringen
Trub
Biglen
Signau
Trubschachen
Worb
Grosshöchstetten
Schupbach
Schlosswil
Zaziwil
Rubigen
Konolfingen
Eggiwil
Münsingen
Rothenbach i. E.
Linden
Wichtrach
Oberdiessbach
Schallenberg
Oberei
Kiesen
Heimberg
Schwarzenegg
Ausser-Eriz
Inner-Eriz
Steffisburg
Horrenbach
Goldiwil
Heiligenschwendi
Thun
Hilterfingen
Sigriswil
Gwatt
Oberhofen
Niederhorn
Gunten
Beatenberg
Merligen
Reutigen
Spiez
Thuner See
Latterbach
Wimmis
Faulensee
Aeschi
Leissigen
Oey
Diemtigen
Niesen
Reichenbach im Kandertal
Riedern
Suld
Morgenberghorn
Frutigen
Kiental
Kandergrund
Schilthorn
Griesalp
Mitholz
Öschinensee
Blümlisalphorn
Kandersteg
Breithorn
Balmhorn
Gemmipass
Leukerbad
Torrenthorn
Torrental
Albinen
Inden
Ferden
Wiler
Blatten
Fafleralp
Lötschental
Lonza
Goppenstein
Bietschhorn
Hergiswil
Schülen
Luthern
Luthern Bad
Napf
Fankhaus
Escholzmatt
Wiggen
Marbach
Schangnau
Emme
Hohgant
Kemmeriboden
Schrattenfluh
Sörenberg
Glaubenbergpass
Flühli
Glaubenbüelenpass
Menzberg
Doppleschwand
Romoos
Wolhusen
Entlebuch
Hasle
Schüpfheim
Kleine Emme
Werthenstein
Malters
Schachen
Schwarzenberg
Emmenbrücke
Hellbühl
Littau
Ebikon
Luzern
Kriens
Horw
Eigenthal
Pilatus
Hergiswil
Stansstad
Stans
Alpnach Stad
Alpnach
Stanserhorn
Sarnen
Kerns
Kirchhofen
Wilen
Sarner See
Sachseln
Grafenort
OBWALDEN
Kleinteil
Giswil
Melchtal
Lungernsee
Kaiserstuhl
Stockalp
Lungern
Frutt
Engstlenalp
Trübsee
Brünigpass
Brienzwiler
Glockhaus
Gadmen
Ebligen
Brienz
Oberried
Niederried
Habkern
Brienzer See
Meiringen
Reuti
Nessental
Steingletscher
Innertkirchen
Hinter-Tierberg
Goldswil
Iseltwald
Interlaken
Matten
Unterseen
Darligen
Wilderswil
Faulhorn
Schwarzhorn
Rosenlaui
Schwarzwaldalp
First
Schynige Platte
Lütschental
Wetterhorn
Zweilütschinen
Isenfluh
Männlichen
Grindelwald
Guttannen
Aare
Lauterbrunnen
Wengen
Kl. Scheidegg
Eiger
Schreckhorn
Hühnerstock
Mürren
Fiescherhörner
Grimselpass
Gletsch
Gimmelwald
Stechelberg
Mönch
Jungfraujoch
Jungfrau
Finsteraarhorn
Oberwald
Obergesteln
Ulrichen
Ebnefluh
Wannenhorn
Münster
Geschinen
Aletschhorn
Gluringen
Reckingen
Selkingen
Blitzingen
Eggishorn
Fieschertal
Bellwald
Blinnenhorn
Fiesch
Ernen
Bettmeralp
Riederalp
Betten
Ausserbinn
Ofenhorn
Greich
Mörel
Grengiols
Binn
Rhone
VII 1987

Nach Teilgebieten und Ausgangspunkten geordnet. Die angegebene Zeit gilt für die ganze Route. Rasten sind nicht eingerechnet. Wer die Wanderung zu kürzen oder auszudehnen wünscht, findet in den Routenbeschreibungen und in der Wanderkarte Thunersee 1:50 000 hinreichende Anhaltspunkte.

Stationen des öffentlichen Verkehrs werden mit folgenden Symbolen vermerkt:

Bahnstation — Schiffstation — Sesselbahnstation
Bus- oder Poststation — Luftseilbahn- oder Gondelbahnstation

Legende zu den Routenprofilen:

Stadt oder Dorf — Gasthaus, Klubhütte — Wald
Weiler — Schloss — Denkmal
Einzelgebäude — Ruine — Aussichtspunkt

Mühlethurnen
Riggisberg
Rüschegg
Heubach
Burgistein
Gurzelen
Seftigen
Wattenwil
Uetendorf
Thun
Mettlen
Blumenstein
Allmendingen
Uebeschi
Amsoldingen
Hilterfingen
Gwatt
Oberstocken
Niederstocken
Reutigen
Gurnigel
Selibüel
Schwefelbergbad
Gantrisch
Ochsen
Hohmad
Stockhorn
Walalp
Stockenseen
Heitiberg
Latterbach
Wimmis
Oberwil i. S.
Weissenburg
Därstetten
Erlenbach i. S.
Diemtigen
Oey
Boltigen
Reidenbach
Weissenbach
Turnen
Zwischenflüh
Horboden
Riederen
Meniggrund
Schwenden
Grimmialp
Wiriehorn
Hohniesen
Grubenwald
Garstatt
Niederhorn
Stand
Niedersimmental
Diemtigtal
Stockental
Simme
Gürbetal
33 34 35 36 37 38 39 40 41 42 43 44 45 47

Heimenegg
Oberei
Oberlangenegg
Unterlangenegg
Kreuzweg
Schwarzenegg
Honegg
Rotmoos
Bumbach
Kemmeriboden
Schibengütsch
Bodeli
Scheidzun
Linden
Losenegg
Buchen
Horrenbach
Trüschhubel
Hohgant
Homberg
Teuffenthal BE
Schöriz
Traubach
Habchegg
Sieben-Hengste
Heiligen-schwendi
Meiersmaad
Lombach A.
Sichle
Augstmatthn
Oberried a.B.
Ringoldswil
Schwanden
Sigriswilgrat
Gemmenalphn
Schwendi
Habkern
Tschingel
Aeschlen
Sigriswil
Justistal
Niederhn
Bort
Niederried b.I.
Gunten
Iseltwald
Waldegg
Harder
Goldswil
Spirenwald
Beatenberg
Schmocken
Spiez
Merligen
Ringgenberg BE
Brienzer
Beatenbucht
Unterseen
Bönigen
Interlaken
Faulensee
Beatus-höhlen
Thuner See
Hondrich
Krattigen
Därligen
Matten b.I.
Wilderswil
Leissigen
Aeschi b. Spiez
Aeschiried
Gsteigwiler
Schynige Platte
Grebeegg
Saxettal
Därligrat
Gündlischwand
Mülenen
Faltschen
Saxeten
Reichenbach
Suld
Suldtal
Morgenberghn
Sulegg
Isenfluh
Zweilütschinen
Männlichen
Scharnachtal
Nessleren
Wengen
Witterlatte
Latrejе
Schwalmere
Dreispitz
Kiental
Sousttal
Lauterbrunnen
Dreftelln
Bietenhn
Kiene
Wengernalp

1 Interlaken–Rüti–Beatenberg/ Waldegg

Kürzester, etwas steiler Aufstieg durch schattenspendenden Wald auf die sonnigen Höhen von Waldegg.

Route	Höhe in m	Hinweg	Rückweg
Interlaken West	563	–	2 Std.
St. Niklausen	612	25 Min.	1 Std. 35 Min.
Rüti	928	1 Std. 15 Min.	1 Std. 10 Min.
Glunten	1194	2 Std. 25 Min.	20 Min.
Beatenberg/Waldegg	1203	2 Std. 45 Min.	–

Vom Bahnhof *Interlaken West* (S. 113) zuerst in nördlicher Richtung bis zum Bahnübergang. Geleise und Aare überschreiten und durch die Bahnhofstrasse nach Unterseen. Bei der Strassenkreuzung geradeaus weiter durch die Scheidgasse und die Beatenbergstrasse nach *St. Niklausen.*
Von Interlaken Ost her über die Brücke bei der Harderbahn-Talstation nach links durch den Waldrand dem Harderfuss entlang, hinter dem Friedhof und dem Zeughaus ebenfalls nach St. Niklausen.
In St. Niklausen biegen wir links zum Lombach ab und folgen diesem taleinwärts. Nun über die *Lombachbrücke* Pt. 627 (nach Neuhaus 40 Min.), dann in grosser Kurve bis nach dem Bächlein, wo der Weg nach rechts in den Wald abzweigt, den wir bis *Rüti* Pt. 824 (nach Habkern–Grünenbergpass–Eriz 4 Std. 25 Min.) benützen. Der Name weist darauf hin, dass durch roden (= «rüten») dem Wald in mühevoller Arbeit Wies- und Weideland abgerungen werden musste. Bei der Gabelung des Weges halten wir links auf den guten Saumweg, der durch Wäldchen und an waldumschlossenen Heimwesen vorbei der Höhe zustrebt. Bei den ersten Häusern von *Glunten* ist die starke Steigung überwunden, und es geht nur noch leicht aufwärts durch das Strässchen, an der Säge und am Schulhaus vorbei zur Bushaltestelle *Waldegg.*

◀◀ Die Sonnenterrasse Beatenberg bietet nicht nur unzählige Wandermöglichkeiten, sondern auch ein unvergleichliches Panorama: Blick auf Eiger, Mönch und Jungfrau (Route 9).
◀ Sieben Hengste, trutzige Felsenburgen neben der Sichle, als Talabschluss des Eriz (Routen 12, 15, 18).

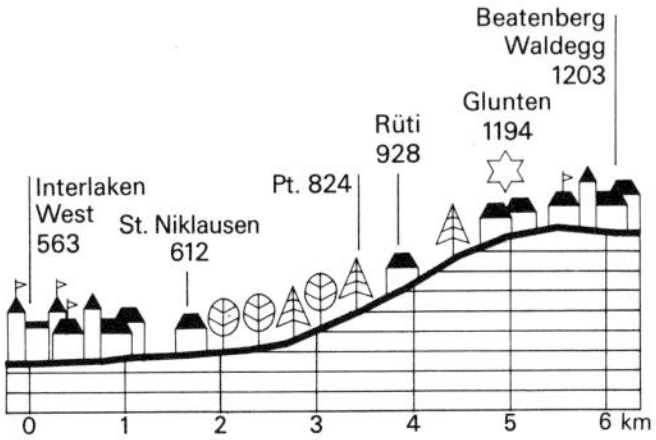

2 Interlaken–Habkern–Eriz

Angenehme Passwanderung durch das einsame Habkerntal ins obere Zulgtal.

Route	Höhe in m	Hinweg	Rückweg
Interlaken West	563	–	5 Std. 15 Min.
St. Niklausen	612	25 Min.	4 Std. 50 Min.
Stollen	939	1 Std. 35 Min.	4 Std.
Bort	1065	2 Std.	3 Std. 45 Min.
Habkern	1080	2 Std. 30 Min.	3 Std. 15 Min.
Säge	1146	3 Std.	2 Std. 50 Min.
Grünenbergpass	1553	4 Std. 15 Min.	2 Std.
Trüschhübel	1154	5 Std. 15 Min.	35 Min.
Innereriz/Säge	1040	5 Std. 40 Min.	–

Von *Interlaken West* oder *Ost* (S. 113) über die Bahngeleise und Aare und auf gut markierten Wegen dem Harderfuss entlang nach *St. Niklausen.* Hier nach links zum Lombach abbiegen und diesem taleinwärts folgen. Auf der grossen Beatenbergstrasse weiter bis zum Bächlein nach der grossen Kurve, dort rechts in den Wald hinauf und in immer ungefähr gleicher Richtung über Rüti (nach Beatenberg/Waldegg 1 St. 35 Min.) und *Stollen* schräg rechts den langen Hang aufwärts bis zum Büelbach. Nach Überschreiten des Büelbaches betreten wir in *Bort* (nach Beatenberg/Waldegg 1 Std.) die ausgedehnte Berggemeinde *Habkern* (S. 112).
Vor dem Dorf gabelt sich das Strässchen. Rechts geht es gegen Kirche und Post, links ins Oberdorf und über flache, mit heimeligen Berghäusern besetzte Hänge zur *Säge.* Bei der nächsten Weggabelung steigen wir links durch den Wald hinauf zum Trogenmoos und erreichen oberhalb der Waldlichtung in spitzem Winkel links im Wald den *Grünenbergpass.*
Im Zickzack erfolgt der Abstieg in die Alpmulde Grünenberg zum *Trüschhübel* (nach Rotmoos–Schangnau 2 Std). Gute Übersicht über die waldige, stark gegliederte Berglandschaft des Eriz. Nun links abwärts über Hungerschwand nach Scheidzaun/*Säge* im *Innereriz.*

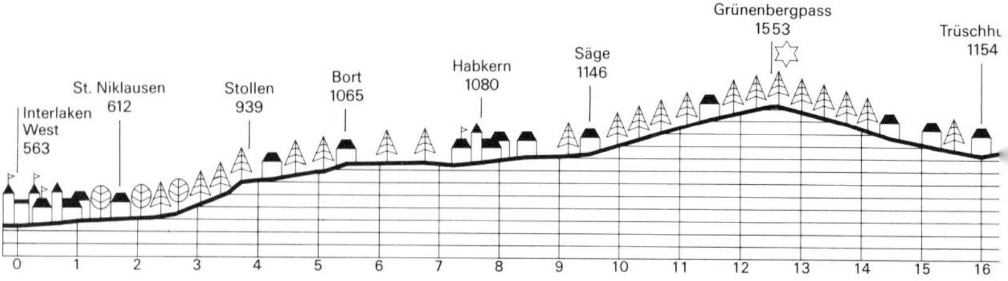

3 Habkern–Schwendallmi–Augstmatthorn

Bergweg. Schöne Alpwanderung mit unvergesslicher Aussicht vom Gipfel des Augstmatthorns.

Route	Höhe in m	Hinweg	Rückweg
Habkern	1055	–	2 Std. 50 Min.
Bolbachbrücke	1080	15 Min.	2 Std. 40 Min.
Schwendallmi	1408	1 Std. 20 Min.	2 Std.
Lombachalp (Rotenschwand)	1560	1 Std. 55 Min.	1 Std. 25 Min.
Grathöhe (Tritt)	1860	2 Std. 50 Min.	45 Min.
Augstmatthorn	2137	3 Std. 50 Min.	–

In *Habkern* (S. 112) beim Gasthof Bären durch die Strasse leicht abwärts gegen die Brücke, die den tiefeingeschnittenen Traubach überspannt, dann der Strasse folgen bis nach der Brücke über den *Bolbach* und anschliessend bergseitig durch den Fussweg über die sonnigen Hänge von *Schwendi* in langgezogenem Bogen nach der gleichnamigen *Allmi.* Rückblickend liegt der westliche Teil von Habkern mit seinen Häusern und Scheunen prächtig vor uns, dahinter der langgezogene Güggisgrat. Durch das Lombachtal hinaus schöner Blick auf den obern Thunersee mit Därligen und Leissigen. In sanfter Steigung weiter nach *Rotenschwand* dort nach dem lichten Wäldchen nach rechts über die Brücke und hangaufwärts gegen die im Zaun stehende Hütte. Im Osten erhebt sich der breite, steile Hang zum Augstmatthorn, unserem nächsten Ziel. Neben dem direkten Anstieg nennen wir nachfolgend einen sanften, etwas längern. Vorerst steigen wir am Hang nach rechts hinan zur markanten Schulter Pt. 1754 und von da in kaum merklicher Steigung nach Süden auf die Grathöhe hinüber bei Pt. 1860, *Tritt* genannt (nach Niederried 2 Std. 30 Min., nach Harderkulm 1 Std. 30 Min.). Ein Halt ist lohnend. Vor uns der Brienzersee und die Berner Alpen, hinter

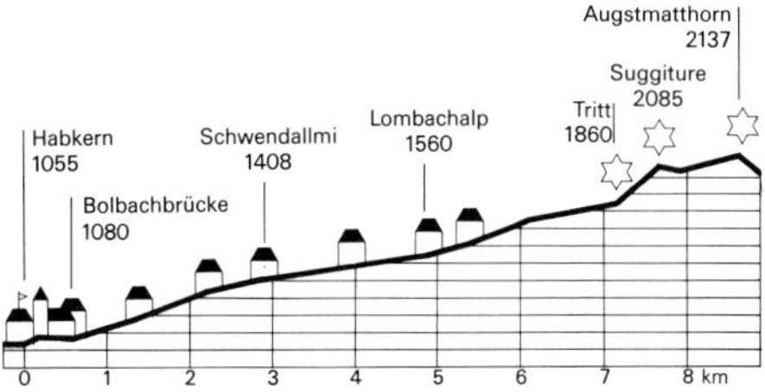

uns die weitgedehnte, tiefdurchtalte Mulde von Habkern. Wir folgen dem Gratweglein zum *Suggiture*. In Ruhe halten wir Ausschau nach dem zahlreichen Steinwild, das sich hier wohler fühlt als im engen Tierpark am Harderfuss. Auch Gemsen sind oft zu sehen.
Über weiches Gras geht es nun zum *Augstmatthorn*, dessen Aussicht zu den allerschönsten im Brienzerseegebiet zählt: der dunkle See, die zackigen Voralpengipfel von Wildgärst/Schwarzhorn über Faulhorn bis zur Schynigen Platte und dahinter die Schneeriesen der Berner Alpen in ihrer schönsten Pracht.

Nebenrouten
a) Bolbachbrücke–Schwendi–Lombach Pt. 1385–Bodmi–Bodmisegg–Pt. 1754 2 Std.
b) Pt. 1754–Augstmatthorn (schmaler Weg für Berggewohnte) 1 Std.

4 Habkern–Widegg–Kemmeriboden Bad

Passwanderung an den Fuss des Hohgant und ins Quellengebiet der Emme.

Route	Höhe in m	Hinweg	Rückweg
Habkern 🚌	1055	–	5 Std.
Bolsiten	1120	30 Min.	4 Std. 40 Min.
Widegg	1706	2 Std. 30 Min.	3 Std. 10 Min.
Steini	1350	3 Std. 30 Min.	1 Std. 35 Min.
Kemmeriboden Bad 🚌	976	5 Std.	–

Von der Post *Habkern* (S. 112) durch die Kurve in die obere Strasse, beim Gasthof Bären vorbei leicht abwärts und auf der Betonbrücke den tiefen Einschnitt des Traubaches überqueren. Von hier links zur Scheune und durch den Fussweg hinauf nach *Bolsiten* mit seinen hübschen, sonnenge-

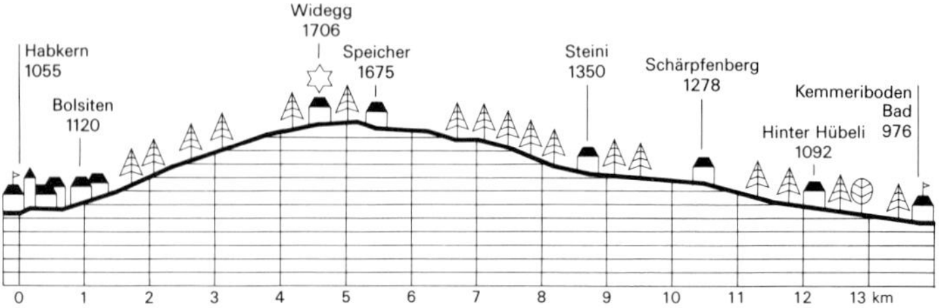

bräunten Holzhäusern. Über die Strasse, schräg nach links hangaufwärts in den Lammgraben und jenseits über den Rücken der Bolsiten-Allmend hinauf zur *Widegg.* Nach links reiche Sicht über das obere Habkerntal, gegen Grünenberg, Seefeld und das Gemmenalphorn, talaus gegen den Hardergrat sowie Richtung Morgenberghorn und Niesen. Am nördlichen Horizont erhebt sich der kahle Hohgant mit seinen ausgedehnten Geröllhalden.
Wer den Hohgant besuchen will (Berweg, Aufstieg ca. 2 Std.), folgt dem Grat der Widegg gegen Höchst Pt. 1791,8, Stand Pt. 1736 und steigt über die scharfe Rippe gegen Pt. 1847 hinauf, wo man vereinzelte Arven trifft. Nun etwas nach rechts abbiegen, über die Rippe östlich Gopital, immer links eines Felsbandes, das sich bis zum Hohgant hinzieht. Rechts unten die windgeschützte Mulde des Aelgäuli und im Sattel nördlich der Bröndlisflue bei Pt. 1805 die Blockhütte des SAC Langnau, die Naturbeobachtern Unterkunft gewährt. Das ganze Hohgantgebiet ist seit 1950 Naturschutzzone. Fast zuoberst am Grat ein erquickendes Brünnlein. Von hier durch den untern Weg nach rechts zum Ostgipfel des Hohgant. Die Rundsicht nach allen Seiten ist prächtig und vielfältig. Im Süden treten deutlich hervor: Brienzergrat, dahinter Schwarzhorn, Faulhorn, Schynige Platte, im Westen Morgenberghorn, Niesen- und Stockhornkette sowie die Freiburger Alpen; dahinter die Berner, östlich anschliessend die Urner Alpen und vorgelagert der Grenzberg Titlis. Im Westen ist bei klarer Sicht zwischen Wildstrubel und Wildhorn der Mont-Blanc zu erkennen. Im Norden hebt sich die Jurakette ab, dazwischen das höhere Mittelland und vor allem das stark gegliederte Tal der Emme. Im Nordosten Pilatus, Rigi und unter günstigen Sichtverhältnissen über die Mythen hinweg der Säntis.
Der Abstieg ins Emmental verläuft sanfter als derjenige nach Habkern. Von der Passhöhe Widegg, wo eine Inschrift auf einem schlichten Stein an die Erstellung des Saumweges von Kemmeriboden nach Widegg in den Jahren 1942/43 erinnert, führt er nach *Speicher,* wo in zahlreichen steinbeschwerten Blockhütten die schmackhaften Käse der umliegenden Alpen während des Sommers gelagert und gepflegt werden, dann durch die obersten Waldzungen leicht abwärts ins Ällgäu. Von hier durch steilen Wald hinunter nach *Steini* und auf flachen, oft feuchten Wegen hinaus nach *Schärpfenberg* zu den sonnigen Sennhütten. Nun eng dem steiler werdenden Hang entlang nach links abbiegen über Harzisboden und *Hinter Hübeli.* Rechts unten schluchtartig eingeschnitten die junge Emme, die von hier bis zum Augstmatthorn die Grenze bildet zwischen den Gemeinden Habkern und der zu Oberried am Brienzersee gehörenden Riedernalp.
Flach auslaufend folgt der Weg der Emme zum *Kemmeriboden Bad.*

Nebenroute Bolsiten–Wiswald–Bolspeicher–Bolberg–Widegg 2 Std.

5 Habkern–Bäreney–Gemmenalphorn

Bergweg. Angenehme Wanderung über die stillen Alpen des Habkerntales zum aussichtsreichen Güggisgrat.

Route	Höhe in m	Hinweg	Rückweg
Habkern	1055	–	2 Std. 20 Min.
Bodmi	1300	40 Min.	1 Std. 55 Min.
Ufem Stand	1685	1 Std. 50 Min.	1 Std. 10 Min.
Bäreney	1683	2 Std. 05 Min.	55 Min.
Gstapf	1724	2 Std. 15 Min.	50 Min.
Chüestand	1905	2 Std. 45 Min.	30 Min.
Gemmenalphorn	2067	3 Std. 15 Min.	–

Von der Post *Habkern* (S. 112) durch die Abkürzung oder weiter auf der Strasse nach Farenbüel, von wo wir in nordwestlicher Richtung auf dem Rücken der Bröndlisegg vorerst das *Bodmi* erreichen. Die gleiche Richtung beibehaltend und stark ansteigend gelangen wir über *Ufem Stand* zur Hütte *Bäreney.* An dieser rechts oder links vorbei die kurze Steilstufe nach *Gstapf* durchqueren.
Wir befinden uns in einer typischen Kalklandschaft. Das Gras ist kurz und trocken, Bächlein fehlen, nur da und dort noch kräftige Wettertannen und häufig treten derbe Kalkbuckel und Spalten hervor, verziert mit den anspruchslosen Stauden der Alpenrosen. Die Ähnlichkeit mit einer Juraweide ist unverkennbar.
Deutlich sichtbar ist der Weg von hier an nur noch stellenweise. Wir halten leicht links durch die Weide aufwärts, direkt auf das Gemmenalphorn zu. Nach kurzer Zeit treffen wir auf den quer zum Hang verlaufenden Weg, der links zu den Hütten Oberberg und rechts leicht ansteigend, dann scharf links haltend, zum sogenannten *Chüestand* an der Loubenegg führt. Die eigenartige Gemmenalp-Landschaft, von Kalkrippen, Buckeln, Absätzen und of-

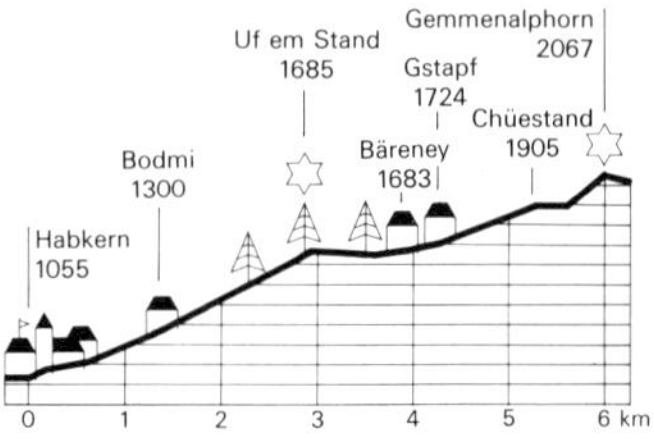

fenen Platten besetzt, mit schattigen grünen Tälchen und einzelnen seltsam unförmigen Föhren geschmückt, ist bei schönem Wetter eindrücklich. Bei Nebel kann man sich leicht verirren. Aufstieg über den Chüestand zum *Gemmenalphorn* (nach Burgfeldstand–Niederhorn 1 Std. 35 Min., nach Gemmenalp/Oberberg–Beatenberg/Waldegg 1 Std. 50 Min.) über den Nordostgrat durch den deutlich sichtbaren Weg.

Nebenroute
Habkern–Bodmi–Läger–Chromatte–Bäreney (Bergweg, weit ausholend, teilweise pfadlos) 2 Std.

6 Beatenberg–Waldegg–Habkern

Aussichtsreiche Höhenwanderung über die Sonnenterrasse des Beatenbergs und durch die ungefährlichen Steilhänge von Farneren nach dem heimeligen Habkern.

Route	Höhe in m	Hinweg	Rückweg
Beatenberg	1121	–	2 Std. 50 Min.
Beatenberg/Kirche	1153	45 Min.	2 Std. 15 Min.
Beatenberg/Waldegg	1203	1 Std. 10 Min.	1 Std. 40 Min.
Glunten	1194	1 Std. 35 Min.	1 Std. 20 Min.
Bort	1080	2 Std. 20 Min.	30 Min.
Habkern	1055	2 Std. 50 Min.	–

Von der Bergstation der Standseilbahn Beatenbucht-*Beatenberg* (S. 109) durchwandern wir die Terrassenansiedlung in ihrer ganzen Länge. Nach einer halben Stunde überschreiten wir den Fitzligraben, der bei Unwetter donnernden Wassern kaum Platz genug zu bieten vermag. Nach der Brücke rechts das Pfarrhaus und die reformierte *Kirche* aus dem 16. Jahrhundert, ein

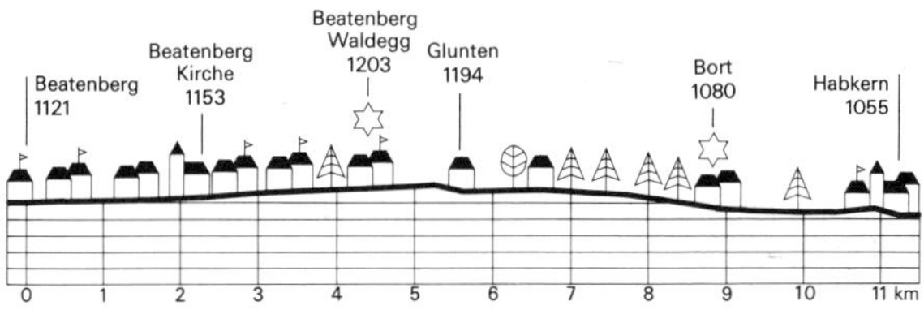

einfacher, sich aber in das Landschaftsbild glücklich einfügender Bau, mit Friedhof. Wir befinden uns jetzt in Spirenwald, im Osten begrenzt durch den wilden Biregraben. Schoren, der Dorfteil nach dem Graben, bedeutet althochdeutsch hervorragen, besonders bei Felsen. Diese Deutung des Namens ist kaum irgendwo so einleuchtend wie gerade hier, ragt doch oberhalb im Walde die trutzige Bire drohend empor.
In einer grossen Kurve überqueren wir den schlimmsten der drei Wildbäche, den bei schönem Wetter harmlos scheinenden Sundgraben, der zusammen mit dem Fitzligraben das ausgedehnte Delta bei Sundlauenen gebildet hat. Dieser Ort gehört ebenfalls zur Gemeinde Beatenberg.
Vom Graben an wandern wir nun durch die Bäuert *Waldegg.* Bei Zaun gelangen wir nach kurzer Steigung zur Postautohaltestelle gleichen Namens und biegen nachher links ab, um nach knapp 10 Min. auf der eigentlichen Egg beim Schulhaus Waldegg zu stehen. Rückwärts überblicken wir nochmals die langgezogene Ortschaft von Schmocken bis Schoren, und vor uns eröffnet sich unversehens ein völlig neues Blickfeld: übers Tal hinüber der waldreiche Hardergrat und zu unseren Füssen ausgebreitet das dichtbevölkerte Bödeli. Nun leicht abwärts, an der Säge vorbei, zu den verstreuten Häusern von *Glunten* (nach Rüti–Unterseen–Interlaken 1 Std. 30 Min.). Vom Wegweiser führt ein schmales, aber durchgehend deutlich sichtbares Weglein nach Farnern, abwechselnd auf und ab, an einsamen Gehöften und zahlreichen Hecken vorbei, immer ungefähr auf gleicher Höhe nach *Bort,* das jenseits des munter sprudelnden Bühlbaches liegt; erster Weiler von Habkern (nach Stollen–Rüti–Unterseen–Interlaken 1 Std. 30 Min.). Von Waldegg bis Bort einzigartiger Tiefblick auf Unterseen, Interlaken und das obere Ende des Thunersees. Auf dem verkehrsarmen Strässchen erreichen wir mühelos in einer halben Stunde das stille Bergdorf *Habkern* (S. 112).

Nebenroute
Waldegg–Pt. 1345–Holzflüe–Büelbach–Bort Pt. 1234–Wagisbach Pt. 1071
1 Std. 30 Min.

◀ An sonnigen Hängen und Weiden trifft man immer wieder die Silberdistel (Carlina acaulis) an. Die mit Dornen bewehrte Pflanze blüht vom Juni bis in den September.

▶ Heimelige Streusiedlung im Habkerntal bei Schwendi. Im Hintergrund das breite Augstmatthorn mit dem Suggiturm (Routen 2 und 6).

7 Beatenberg–Oberberg–Gemmenalphorn

Bergweg ab Mittelhag. Sehr lohnender, gleichmässiger Aufstieg zu den Alpen von Oberberg und zum aussichtsreichen Gipfel des Gemmenalphorns. (Auch für Tourenskifahrer geeignet.)

Route	Höhe in m	Hinweg	Rückweg
Beatenberg/Waldegg 🚌	1203	–	1 Std. 50 Min.
Mittelhag	1391	25 Min.	1 Std. 30 Min.
Hohwald	1600	1 Std. 20 Min.	1 Std.
Oberberg	1818	1 Std. 05 Min.	30 Min.
Gemmenalphorn	2061	2 Std. 50 Min.	–

Wir beginnen die Wanderung beim Restaurant Regina in *Beatenberg/Waldegg* (S. 109), wo sich auch eine Postautohaltestelle befindet. Zuerst nördlich der Wirtschaft auf kleinem Weg über das Weideland von Muren, dann entweder auf dem links ausholenden Fahrsträsschen weiter oder dasselbe überquerend direkt hinauf an den Waldrand und durch den breiten Waldweg zur Wegkreuzung Allmend Pt. 1345.
Auf dem vorgenannten Strässchen gelangt man mühelos zum schönen Aussichtspunkt Amisbüel. Das ehemalige Hotel bietet nun ein äusserst dankbares Standquartier für die Zürcher Ferienkolonien. Bevorzugte Lage für viele Ferienchalets. Amisbüel diente früher als Hochwacht, die das Feuersignal von der Aeschiallmend übernahm und vor allem in die Lütschinentäler und in das Bödeli weitergab.
Über *Mittelhag* ziemlich direkt zu den braunen Alphütten in der Nähe des Zaunes und über die Mitte der nach rechts und links leicht abfallenden breiten Waldegg-Allmi hinauf zum erfrischenden Brunnen, beim *Hohwald* genannt. Eine Rast in dieser Stille im Angesicht der prächtigen Berglandschaft ist sehr zu empfehlen. Skilift Bergstation.
Der Weg führt nun flacher zwischen den nähergerückten seitlichen Wäldern

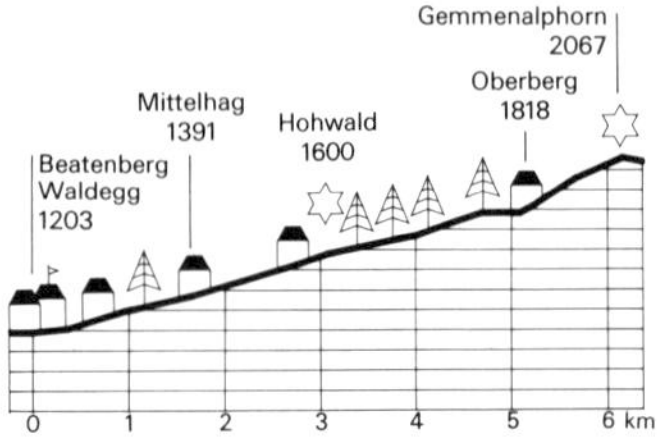

Vom Niederhorn aus liegen die Alpen des Justistales zu unseren Füssen wie vom Flugzeug aus. Die Sichle als Pass zwischen Burst und Sieben Hengste (Routen 12 und 15).

über die Egg, durch ein Tor im Zaun rechts auf der Rippe in den Wald hinein und nach dem Waldaustritt dem Hang entlang zu den Alphütten von *Oberberg,* wo Wegweiser links der Hütten und einer an der Wand aussen rechts die Fortsetzungen anzeigen (Gstapf–Bäreney–Bodmi–Habkern 🚌 2 Std., Bergweg). Im Gebiet von Beatenberg findet sich mehrmals die Bezeichnung Oberberg (Burgfeld, Gemmenalp und Seefeld). Dieser Name weist auf die Art der Bewirtschaftung hin. Die Hirten treiben im Frühjahr die Herden zuerst auf die Allmend, dann auf den Unterberg oder sonst eine mittlere Alp; im Hochsommer werden die obersten Stufen besetzt, hier Oberberg genannt. Grasmangel oder Schneefall beeinflussen die Alpabfahrt sehr oft.
Von den Hütten wenden wir uns links über die ausgedehnten flachen Läger gegen den Hang hin, dann nach Belieben direkt zum Gipfel oberhalb der Hütten oder links schräg aufwärts gegen die grosse Gratlücke, ohne deutlich sichtbaren Weg. Von dieser nach rechts über den bekannten Gratweg zum höchsten Punkt des *Gemmenalphorns* (Nach Burgfeldstand–Niederhorn 🚡 1 Std. 30 Min.; Bergweg).

Nebenroute

Amisbüel Pt. 1301–Pt. 1397–Alpiglen–Bäreney–Gstapf–Oberberg 2 Std. (Bergweg).

8 Beatenberg–Burgfeld–Niederhorn

Bergweg. Angenehmer Aufstieg durch schattigen Wald zum Känzeli und über die Alpweiden von Burgfeld zum Niederhorn.

Route	Höhe in m	Hinweg	Rückweg
Beatenberg/Spirenwald 🚌	1160	–	2 Std.
Bire/Känzeli	1527	1 Std. 10 Min.	1 Std. 20 Min.
Unterburgfeld	1649	1 Std. 30 Min.	1 Std.
Oberburgfeld	1835	2 Std.	35 Min.
Niederhorn 🚡	1949	2 Std. 45 Min.	–

In *Spirenwald,* dem mittleren der drei Dorfteile von *Beatenberg* (S. 109), verlassen wir beim Hotel Jungfraublick die Strasse, wenden uns, links am Schulhaus vorbei, zum nahen Wald und gelangen durch die Mulde hinauf auf den Parallelweg, auf dem wir nach rechts durch den Widibrand ansteigen. Nach Queren von zwei meist wasserlosen Runsen verlassen wir den Parallelweg und folgen einem guten Weg durch den schattigen Wald, der mit einzelnen Felsblöcken besetzt ist, rechts schräg aufwärts der senkrechten Fluh entgegen.

Beim Bänklein bieten sich zwei Möglichkeiten: Nach rechts direkt der Fluh entlang, ebenen Wegs in ein felsiges Bachbett, dann auf gutem Weg am obern Rand eines steilen Grasbandes hinüber zur *Bire,* einem kirchturmhohen, von der eigentlichen Fluh freistehenden, mit vereinzelten Tannen besetzten Kalkfelsen. Von der geräumigen Plattform herrliche Übersicht über Spirenwald und Waldegg, aber auch auf den obern Thunersee und die Hochalpen. Nach dem Abstieg über die Treppe entweder zurück zum Bänklein oder vorwärts und nach der nächsten Felsnase durch ein bewaldetes Couloir leicht auf die Höhe der Fluh und auf derselben durch Wald und Weide ohne grössere Steigung nach links zum Känzeli. Der Abstecher auf die Bire (Bergweg, 30 Min.) ist in der Zeittabelle nicht eingerechnet.

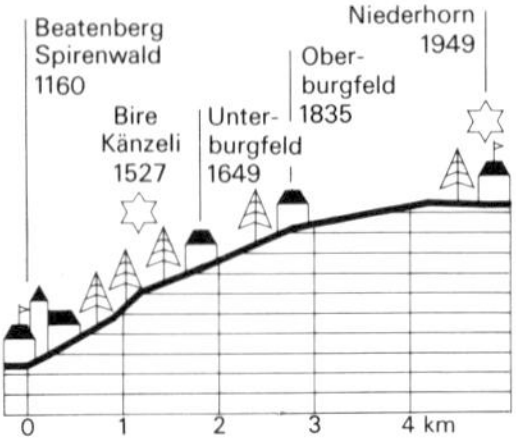

▶ **Prächtige Tropfsteingebilde, viele Seitengänge und kuppelartige Erweiterungen weist die auf eine Länge von 1000 m öffentlich zugängliche Bachhöhle im Grottensystem der Beatushöhlen auf (Routen 9 und 14).**

Vom Bänklein an führt der normale Aufstieg nach links in einigen Kurven steil, doch ungefährlich auf die Fluh zum *Känzeli.* Jeder Wanderer wird beglückt von dieser Wanderung heimkehren, die er nun über die Weiden von *Unterburgfeld* und *Oberburgfeld* fortsetzen kann.
Von der Oberburgfeldhütte weg steigen wir schräg links aufwärts über den vielfach durchstuften Hang oberhalb der letzten Tannen und erreichen nach kurzer Zeit den breiten Rücken des Güggisgrates. Die nach allen Seiten freie Sicht belohnt uns reichlich für den Anstieg. Gegenüber erhebt sich in seiner ganzen Breite der Sigriswilgrat. Wie aus dem Flugzeug betrachtet bietet sich uns das Justistal dar. Das Niederhorn vermag uns viel zu bieten. Bei Tagesanbruch, am Abend, wenn sich die Nacht langsam in die Täler senkt, an einem klaren Herbsttag, wenn zu unsern Füssen dichter Nebel die Niederungen verhüllt und wir die milden Sonnenstrahlen geniessen, im Winter, wenn die Landschaft, in glitzerndes Weiss gehüllt, uns zu stiebender Fahrt einlädt. Das Bessere vom Guten zu unterscheiden sei jedermann persönlich überlassen. Mühelos erreichen wir längs des Grates, an einem Dählenwäldchen vorbei, Bergstation und Restaurant *Niederhorn.*

9 Beatenberg–Fluebänkli–Beatushöhlen

Kurzer und zum Teil steiler Abstieg zu den Beatushöhlen.

Route	Höhe in m	Hinweg	Rückweg
Beatenberg	1146	–	1 Std. 40 Min.
Fluebänkli	920	25 Min.	1 Std.
Höhleneingang	678	1 Std.	10 Min.
Beatushöhlen	624	1 Std. 10 Min.	–

In unmittelbarer Nähe der Bushaltestelle östlich der Sesselbahn-Talstation Niederhorn auf dem *Beatenberg* (S. 109) verlassen wir durch den Wald

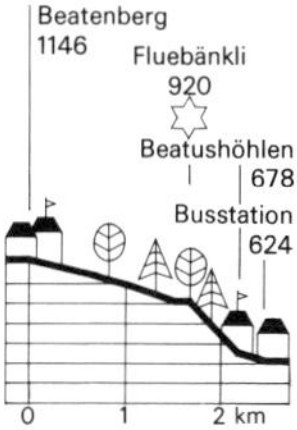

hinunter die Hauptstrasse. Später betreten wir östlich Wang die Matten. Bauernhäuser mit den Jahrzahlen 1772 und 1818 geben Kunde von solider Zimmermannskunst. Links führt ein Pfad abwärts nach Sundlauenen. Rechts weiter absteigend, wieder durch Wald mit jungen Eiben und prächtigen Stechpalmensträuchern, gelangen wir zum *Fluebänkli.* Einmalige Aussicht auf den Thunersee mit Leissigen am gegenüberliegenden Ufer, überragt von dem zum Morgenberghorn ansteigenden Grat und dem Niesen.
Nach einem Holzbrücklein, deshalb der alte Ausdruck Brüggetliweg, steigen wir über Stufen durch die geschichteten Kalkfelsen hinunter und auf dem Zickzackweg über einen mit Geröll übersäten Hang durch lichten Wald zum Wegweiser rechts neben dem Eingang zu den *Beatushöhlen* (S. 109; nach Sundlauenen 20 Min., nach Nastel–Beatenbucht 55 Min.). Nun auf dem Weg abwärts durch den Höhlenpark zur Hauptstrasse (Bushaltestelle und grosser Parkplatz.) Überreste der ehemaligen Pilgerherberge «das viel rych Wirtshus», das in der Blütezeit des Wallfahrtsortes dem Kloster Interlaken bedeutende Einkünfte eintrug. Der sprudelnde Höhlenbach gibt der Anlage ein besonders romantisches Gepräge.

10 Beatenberg–Niederhorn

Bergweg ab Boden. Kürzester Aufstieg auf das Niederhorn aus dem westlichen Teil von Beatenberg.

Route	Höhe in m	Hinweg	Rückweg
Beatenberg/ Schmocken	1121	–	1 Std. 50 Min.
Boden	1365	50 Min.	1 Std. 10 Min.
Vorsass	1584	1 Std. 30 Min.	40 Min.
Niederhorn	1949	2 Std. 40 Min.	–

Der Aufstieg beginnt unmittelbar gegenüber dem schönen Schulhaus *Schmocken,* östlich der Station *Beatenberg* (S. 109). Von der Hauptstrasse

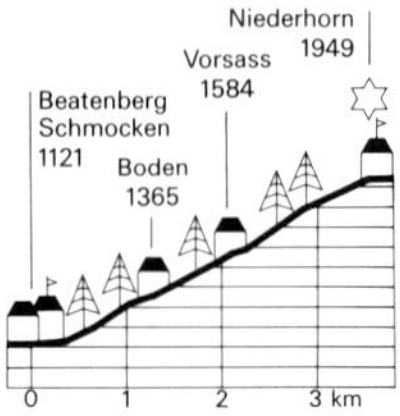

weg gerade aufwärts bis zum ersten Querweg. Hier der Gabelung schräg rechts hinauf folgen, am schöngelegenen Skiheim des Skiclubs Lauenen-Thun vorbei in einen kleinen Waldstreifen, diesen queren, dann über eine kleine Matte und wiederum durch ein hübsches Wäldchen auf die Terrasse von Riedboden. Ein gutes Strässchen, der Obere Kirchweg, verläuft über diesen Boden dem Hang entlang. Von der Ruhebank überblicken wir die abwechslungsreiche Gipfelreihe vom Faulhorn über die Jungfraugruppe zur Niesenkette. Zuäusserst rechts ragt stolz der scharfe Gipfelzahn des Stockhorns in den Horizont.
Mächtige Ahorne stehen am Wege. Wir steigen über die plattenbelegte, beidseitig eingehagte Gasse hinauf, die uns nach einem kurzen Steilstück neuerdings auf eine ausgeprägte Terrasse führt, nördlich schützend begrenzt von einem Streifen schönen Bergwaldes. Der Weg biegt nun scharf nach links ab, tritt oberhalb einer Scheune in den Wald ein, um nach knappen hundert Metern auf den saftigen Lägern der Alpweide *Boden* auszumünden. Die Wegspur ist etwas undeutlich, doch lässt sich die Fortsetzung leicht finden, wenn wir in der Mitte zwischen den beiden Sennhütten dem Walde zustreben, wo der Wegweiser Zeit und Richtung angibt. Anfangs noch klein, folgt der ausgeprägte Weg weiter oben allgemein der Starkstromleitung durch einen schmalen Weidestreifen zwischen zwei Wäldern. Nach einer Spitzkehre links im Wald biegt er wieder nach rechts, erreicht auf der Höhe den Grenzzaun, wo sich beidseitig je ein mächtiger ausgehöhlter Einbaum als Brunnen befindet. Von hier schräg links aufwärts auf die breite Wegspur, die im Winter der Skiabfahrt dient. (Im Abstieg folgt man dieser Schneise nur bis an die talseitige hohe Mauer kurz nach dem Eintritt in den Wald und biegt dann scharf links ab in der Richtung der zwei erwähnten Brunnen.) Nun auf dem breiten Weg über die Weiden von *Vorsass* mit zwei Alphütten und der Zwischenstation der Sesselbahn (nach Haberelegi–Schmocken–Beatenberg/Station 🚌 🚡, 1 Std. 50 Min.). Das Weideland wird zusehends offener, der Bergwald im Kampfe mit den Unbilden der Witterung spärlicher und trutziger. Von der Höhe grüsst schon der Dachgiebel des gastlichen Berghauses und will uns glauben machen, das Ziel sei bald erreicht. Nach Belieben mehr oder weniger rechts und links ausholend, steigen wir über und zwischen den buschigen Krüppeltannen in die Höhe. Das *Niederhorn* schenkt jedermann und zu jeder Jahreszeit unvergleichliche Erlebnisse.

Nebenrouten

a) Beatenberg/Kirche 🚌–Flüehäge Pt. 1267–Vorsass 🚡 1 Std. 30 Min.
b) Vorsass 🚡–Flösch–Niederhorn 🚡 1 Std. 40 Min.

11 Beatenberg–Haberelegi–Niederhorn

Bergweg ab Haberelegi. Aufstieg durch den stillen Bergwald mit wunderbaren Ausblicken auf den Thunersee und das untere Justistal.

Route	Höhe in m	Hinweg	Rückweg
Beatenberg 🚌 🚞	1121	–	1 Std. 50 Min.
Schmocken	1145	10 Min.	1 Std. 35 Min.
Haberelegi	1303	45 Min.	1 Std. 20 Min.
Vorsasstürli	1640	1 Std. 40 Min.	45 Min.
Niederhorn 🚡	1949	3 Std.	–

Gleich nach der Station *Beatenberg* (S. 109) wenden wir uns nach links, schreiten auf der Strasse leicht steigend westwärts an vereinzelten neuen Chalets und alten Häusern vorbei an den Waldrand. Dieser sonnige, wasserarme Bezirk trägt den Namen *Schmocken.* Am Waldeingang zweigt der Weg rechts aufwärts ab und führt nach rund 10 Min. zum kleinen luftigen Pavillon Waldbrand, der dort steht, wo der Steilabfall ins Justistal beginnt. Zu unseren Füssen, 600 m tiefer, schimmert die tiefblaue Fläche des Thunersees, an seinen hilben Ufern die schmucken Dörfer Merligen, Gunten und Oberhofen. Über den See weg schweift der Blick zur Stockhornkette, zum Niesen und in die Täler der Simme und Kander. Rückkehr nach Beatenberg auf verschiedenen Spazierwegen möglich.
Vom Waldbrand an verläuft der Aufstieg, ohne Absturzgefahr, während längerer Zeit allgemein dem Fluhrand entlang. Mehrmals gabelt sich der Weg, um weiter oben wieder zusammenzutreffen.
Rechts und links oberhalb des Wegweisers bei den Hütten von *Haberelegi* lichter Wald mit viel Heidelbeerstauden (nach Fitzligraben–Kirche Beatenberg 🚌 40 Min., nach Boden–Spirenwald–Bödeli–Waldegg/Post 🚌 1 Std. 20 Min.). Auf halber Höhe zweigt ein Weg nach halbrechts ab, der zur Mittelstation Vorsass führt.

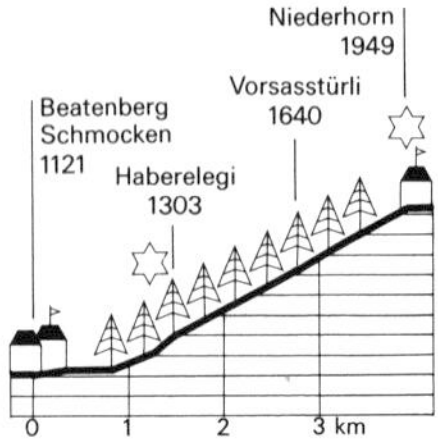

▶ **Blick vom Niederhorn ins Justistal. Dahinter Thunerwestamt und Stockhornkette (Routen 8, 10–12).**

Nach rund einer Stunde Aufstieg von Haberelegi an gelangen wir zu einem quer dem Hang entlang verlaufenden Drahtzaun, den wir durch ein Tor durchschreiten. Wir befinden uns beim *Vorsasstürli.* Im Abstieg vom Niederhorn her kann man hier links abwärts abzweigen und erreicht auf der Höhe von Vorsass bei einem Stall am Waldrand das offene Weideland mit Blick auf die nahe Mittelstation. Dort mündet auch das im vorhergehenden Abschnitt erwähnte, im Aufstieg nach rechts abzweigende Weglein ein.
Immer längs des Steilabsturzes, in wunderlichen Windungen um knorrige Bergbäume, vorspringende Felszacken und grosse Ameisenhaufen steigen wir höher. Von Zeit zu Zeit bieten sich günstige Ausblicke nach Sigriswil, nach dem zum Greifen nahen wuchtigen Sigriswilgrat mit der sanften Alpmatte von Unterbergli oder nach dem tiefen Justistal in der Gegend von Grön.
Knorriger und kleiner werden die Bäume am Wege; deutlich zeigen sich an ihnen die harten Spuren des strengen Bergwinters und der rauhen Winde, die ein freies Wachsen hemmen. Bald stehen sie nur noch vereinzelt, und wir sind auf dem Grat mit ungehinderter Sicht. Wenig weiter oben erhebt sich das neueste Wahrzeichen des Niederhorns, dessen Licht und Umrisse bei Tag und Nacht von weither sichtbar sind: der UKW-Umsetzer. Nicht weit daneben tauchen das gastliche Bergwirtshaus *Niederhorn* und die Bergstation der Sesselbahn auf.

12 Niederhorn–Gemmenalphorn–Justistal–Merligen

Bergweg Niederhorn bis Hinterstberg. Aussichtsreiche Gratwanderung mit anschliessendem Abstieg durch das reizvolle Justistal an den Thunersee.

Route	Höhe in m	Hinweg	Rückweg
Niederhorn	1949	–	6 Std. 40 Min.
Gemmenalphorn	2067	1 Std. 25 Min.	5 Std. 15 Min.
Seefeld/Oberberg	1752	2 Std. 10 Min.	4 Std. 10 Min.
Justistal/Hinterstberg	1370	3 Std.	3 Std.
Merligen	568	5 Std.	–

Seit jeher waren die Sonnenterrasse des Beatenbergs und die höher gelegenen Alpweiden und lohnenden Aussichtspunkte beliebte Wanderziele. Seitdem eine Sesselbahn die Wanderer in müheloser Fahrt zur Höhe trägt, haben sie an Anziehungskraft noch gewonnen.
Das *Niederhorn* als erster markanter Punkt des langgezogenen Güggisgrates, besitzt nach drei Seiten unbegrenzte Fernsicht, trotz seiner Höhe von nur 1949 m. Zu Füssen breitet sich der Thunersee aus, umsäumt von einer Reihe von Dörfern und ausgedehnten Wäldern. Über die zackigen Voralpengipfel der Stockhorn- und der Niesenkette, der Schwalmere- und der Faulhorngruppe erheben sich die majestätischen Eisriesen der Berner Alpen vom Wildhorn bis zum Tödi. Das Panorama auf einem Sockel vor dem Berghaus leistet gute Dienste. Ein solches ist auch als Faltkarte beim Kiosk erhältlich. Nach Norden gewendet, erlebt man überwältigende Eindrücke, wenn man in das rund 800 m tiefer liegende Justistal beinahe senkrecht hinunterblickt und dem Spiel der leicht schwebenden Bergdohlen zuschaut. Auf luftigen Felsabsätzen ringen die letzten Tannen und Föhren um ihr Dasein. Ohne

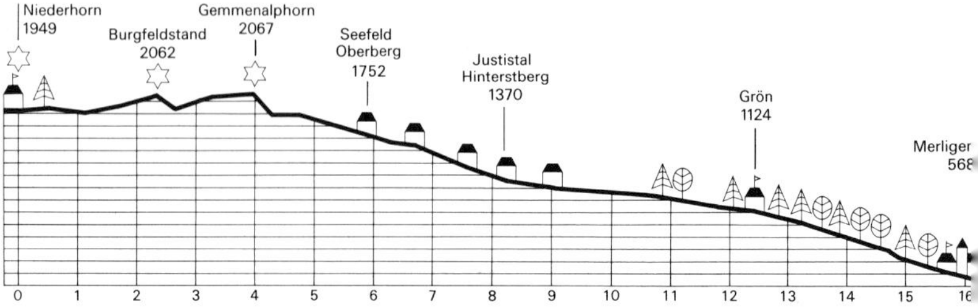

Blick auf Beatenberg und die Hochalpen über dem Nebelmeer (Routen 7–10).

nennenswerte Steigung führt der Weg vorerst über weiche Alpweiden, dann leicht bergan zum *Burgfeldstand,* dem höchsten Punkt des Grates. In gleicher Richtung weiterwandernd bieten sich immer neue Ausblicke. Der geübte Blick erspäht ruhende oder äsende Gemsen. Auch auf dem *Gemmenalphorn* lädt die umfassende Aussicht zu beschaulichem Halt ein. Der Abstieg vollzieht sich gefahrlos und ohne Mühe. Nach 10 Min. folgt der Weg in vielen kleinen Kehren um Hügel und Felsbuckel über Punkt 1905 (nach Gstapf–Bäreney–Bodmi–Habkern 🚌, Bergweg, 2 Std.) der einmal eingeschlagenen Richtung. Rechts und links prangt die Flora bis in den Herbst hinein.

In der Mulde vor den Hütten *Seefeld/Oberberg* biegt der Weg scharf nach Westen um. Hier und in dem höhergelegenen Seefeldgebiet, wo sich die Seefeldhöhle befindet, treten kahle, vom Regenwasser durchfurchte Kalkfelsen zutage, Schratten genannt.

Über saftige Weiden dem Tälchen folgend, gelangt man ins Chumeli, einer bis spät im Sommer mit Lawinenschnee angefüllten Mulde: Schnee und Blumen in engster Nachbarschaft. Über eine bewaldete Stufe erreicht man abwärts die letzte Alp des *Justistales, Hinterstberg* (nach Sichle–Eriz 🚌, Bergweg, 2 Std. 30 Min.). An flachen Alpmatten vorbei, dem meist wenig Wasser führenden Bächlein entlang, geht es talaus. Da und dort zeugen haushohe Felsblöcke (Büfel) von früheren Bergstürzen. In der Mitte des tiefeingeschnittenen Tales befinden sich die mit Sprüchen verzierten Speicher des Speicherberges, wo jedes Jahr Ende September der Käseteilet stattfindet. Der Weg zieht sich weiter abwärts zur Sennhütte *Grön* (Übernachtungsmöglichkeit), kreuzt hier das für den allgemeinen Autoverkehr gesperrte Strässchen Sigriswil–Beatenberg (mit Bewilligung befahrbar). Nun geht es mit grossem Gefälle durch schattige Wälder, abwechslungsweise rechts oder links, zuletzt rechts des schäumenden Baches hinunter. Beim Waldaustritt erkennt man schon auf dem Schuttkegel des heute gezähmten Grönbaches das schmucke Dorf *Merligen* (S. 114) mit seinem gediegenen Kirchlein aus Naturstein.

13 Beatenbucht–Fischbalme–Beatenberg

Angenehmer Aufstieg durch den kühlen Wald nach Beatenberg.

Route	Höhe in m	Hinweg	Rückweg
Beatenbucht	568	–	1 Std. 20 Min.
Fischbalme	630	20 Min.	1 Std.
Birchi/Brücke	940	1 Std. 20 Min.	40 Min.
Beatenberg/ Schmocken	1121	1 Std. 50 Min.	–

Beatenbucht, vielseitiger Verkehrsknotenpunkt, bildet einen günstigen Ausgangspunkt zum Wandern. Hier enden oder beginnen die Fahrten der Autokurse und der Schiffe nach Interlaken und Thun und der Beatenbergbahn (in Betrieb seit 1889).
Gegenüber der Talstation tritt der gute Weg in den steilen Wald ein und führt in einigen Zickzackkehren auf den Pilgerweg und 200 m nach links nach *Fischbalme.* Balme bedeutet Unterstand bei vorspringendem Fels.
Von hier an auf breitem Weg bergauf durch den Wald, die Bahnlinie erstmals kreuzend oberhalb des Gehöfts Aebnit vorbei, vorerst in breiten Schleifen, dann erneut die Bahnlinie kreuzend zu den Gehöften *Birchi* (Birken). Ein drittes Mal unter der Bahn durchschlüpfend nach rechts ausholend und beim neuen Schulhaus *Schmocken* auf die Hauptstrasse von *Beatenberg* (S. 109).

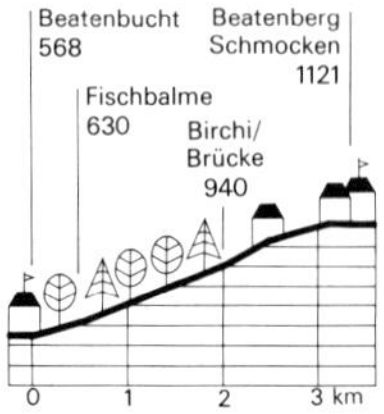

14 Merligen–Beatushöhlen–Interlaken

Der Pilgerweg erschliesst die romantische, sagenumwobene Gegend am obern Thunersee. Wunderbare Ausblicke auf See und Hochgebirge.

Route	Höhe in m	Hinweg	Rückweg
Merligen	568	–	3 Std. 10 Min.
Fischbalme	630	30 Min.	2 Std. 45 Min.
Widmannplatz	722	45 Min.	2 Std. 30 Min.
Beatushöhlen	678	1 Std. 20 Min.	2 Std.
Sundlauenen	609	1 Std. 40 Min.	1 Std. 35 Min.
Neuhaus	565	2 Std. 10 Min.	1 Std.
Weissenau	559	2 Std. 30 Min.	30 Min.
Interlaken West	563	3 Std. 10 Min.	–

Man benützt von *Merligen* (S. 114) an den Pilgerweg, der in den Jahren 1937/38 vom freiwilligen Arbeitsdienst im Auftrag des Uferschutzverbandes Thuner- und Brienzersee neu erstellt wurde. Sein Name rührt aus der Zeit her, da die Wallfahrer in grossen Scharen zu den Beatushöhlen pilgerten. Von der Säge Merligen oder von der Brücke oben im Dorf wandert man auf gutem Wege dem Walde zu und hoch über der Strasse über *Fischbalme* (nach Beatenbucht 20 Min.) nach Nastel, früher Nachtstall geheissen, wo im Mittelalter die Saumtiere der Pilger untergebracht wurden (nach Beatenbucht 15 Min.). Leicht ansteigend weiter zum aussichtsreichen *Widmannplatz.* Hier wurde dem grossen Freunde des Thunersees ein schlichtes Denkmal geschaffen. Prachtvoll ist die Aussicht, die man von da aus auf den See und die benachbarten Berge geniesst. Kurz nachher über eine gedeckte Holzbrücke über den Budelbach, durch das Balmholz hinunter und am gleichnamigen Steinbruch vorbei, dessen Steine als erstklassiges Material für die Schotterung von Bahnanlagen dienen. Durch den wilden Chrutbachgraben auf anschliessend geteertem, ebenem Weg zum Höhlen-

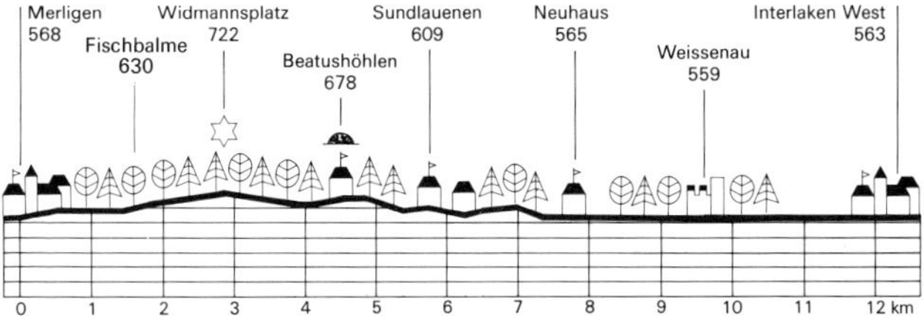

park, einem vor den *Beatushöhlen* (S. 109) gelegenen reizenden Waldidyll mit prächtigen Wasserfällen, schönen Spazierwegen und Ruhebänken. Der Besuch der Höhlen vermittelt einen höchst interessanten Einblick in die unterirdische Erosionstätigkeit und Tropfsteinbildung des Wassers. Kurz vor dem Eingang, links am Wege, sind die Ruinen der einstigen Pilgerherberge. An der Felswand ein riesiger Efeubaum, der schon Goethe bei seinem Besuch 1779 aufgefallen ist. Auf der Höhlenterrasse befanden sich einst Wallfahrtskirche, Kreuzgang, Priesterwohnung und Taufbrunnen mit heilkräftigem Wasser. Heute sind nur noch einige Mauerreste und das Wallfahrtsglöcklein vorhanden.
Vom Höhlenpark führt der Pilgerweg unter der Gsteiglefluh durch. An der Felswand links, in der Nähe der Felsentreppe, Gedenktafel zur Erinnerung an das verdienstvolle Wirken von Hermann Hartmann (nach Sundlauenen ⛴ 10 Min). Oberhalb der Seestrasse führt der Weg zum Fitzligraben und über die Seestrasse nach *Sundlauenen.* Die oft verheerte Ortschaft liegt zur Hauptsache am Rande des Sundbach-Schuttkegels. Nach den beiden Hotels bieten sich zwei Möglichkeiten weiter zu wandern, entweder rechts hinunter zur Ländte mit Abzweigung über die schöne Wanderbrücke über den Sundbach oder geradeaus über die Strassenbrücke und sofort nachher gegen den See hinunter, wo sich beide Wege vereinigen; dann gemeinsam zur Strasse und dieser entlang bis zum Gelben Brunnen; schöner Rastplatz am See. Nun durch den stillen Waldweg oberhalb der Strasse am ehemaligen Beatusbad, heute Manorfarm, vorbei zur Weggabel beim Schuppen. Dort erneut auf die Strasse und ihr bis über die Lombachbrücke folgen, dann zum Hotel *Neuhaus;* einst grosser Umladeplatz «Sust bei den Platten», heute Ländte und Strandbad mit grossem Zeltplatz.
Wir setzen die Wanderung auf dem Weg längs des Sees fort und lesen eingangs auf einem Stein mit eingemeisseltem Berner Wappen die Inschrift: «Naturschutzgebiet Neuhaus-*Weissenau.* Staatlich geschützt 1943». Dieses schmale Flachmoorgebiet ist durch Gebüsche und schöne Baumgruppen und alle möglichen Wasser- und Sumpfpflanzen hübsch besetzt und von vielerlei Tierarten bevorzugter Wohnplatz. Am Ende der Promenade erhebt sich nahe der Aare die bedeutende Ruine Weissenau, von 1318 bis 1334 im Besitz der Freiherren von Weissenburg, dann zum Kloster von Interlaken gehörend. Nach der Klosteraufhebung Zerfall.
Über einen Steg die stille Aare überschreiten und dann zwischen ihr und dem Schiffskanal längs des schönen Auwaldes und durch die Kanalpromenade zum Bahnhof *Interlaken West* (S. 113).

▶ Die berühmten Beatushöhlen am Thunersee sind eine Sehenswürdigkeit für unzählige Touristen aus dem In- und Ausland. In den Tropfsteingebilden zeigt sich die Arbeit des Wassers in Jahrtausenden (Routen 9 und 14).

15 Merligen–Justistal–Sichle–Eriz

Bergweg ab Hinterstberg. Sehr angenehme, unbeschwerliche Wanderung durch das Justistal ins Eriz.

Route	Höhe in m	Hinweg	Rückweg
Merligen 🚌 ⛴	568	–	5 Std.
Justistal/Grön	1124	1 Std. 45 Min.	4 Std.
Hinterstberg	1370	3 Std.	3 Std.
Sichle	1679	4 Std.	2 Std. 15 Min.
Ober Schöriz	1356	4 Std. 40 Min.	1 Std. 15 Min.
Innereriz Säge 🚌	1040	5 Std. 30 Min.	–

Von *Merligen* (S. 114) aus auf gutem Saumweg zuerst dem linken Ufer des Grönbaches folgen und beim sogenannten «Schermstein» vorbei zu einem Brücklein. Hier links hinauf zur Höhe unterhalb des Waldes. Beim Gütsch, Pt. 754, schöner Tiefblick auf Merligen. Im Wald kurz nacheinander zweimal nach rechts und hoch über dem Tal einwärts leicht ansteigend zur gut eingerichteten Sennhütte *Grön* im *Justistal*, die inmitten mächtiger Felsblöcke liegt (Gelegenheit zum Übernachten, nach Schmocken–Beatenberg 🚌 🚠 1 Std., nach Wiler–Sigriswil 🚌 1 Std. 30 Min.).

Von der Hütte weiter taleinwärts, dem rauschenden Grönbach entlang, zu den verzierten Käsespeichern des Speicherbergs. Ende September findet hier der bekannte, vielbesuchte Kästeilet statt. Vom Speicherberg steigt man über den bewaldeten Talriegel der Bärenpfadsturzmasse zum schönen Boden der Alp Püfel. Ideale Rastplätze am Rande des Grönbaches. Blick auf den Talabschluss mit der Sichle zwischen Burst und Sieben Hengsten. In schöner, müheloser Wanderung erreicht man über die Weiden von Rossschatten und Gross Mittelberg den *Hinterstberg.* Die Alpgenossenschaften von Sigriswil und Beatenberg sömmern im ganzen Justistal rund 250 Stück Vieh. In der Nähe eine Schwefelquelle, wo der heilige Justus, Begleiter des

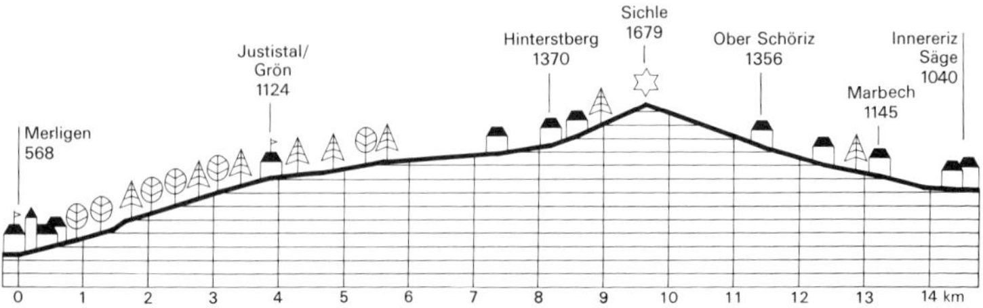

Blick vom Beatenberg auf den Ferienort Merligen in geschützter Lage an der Mündung des Justistal gelegen (Routen 11, 15, 18).

heiligen Beatus, als Einsiedler gelebt haben soll. Nach ihm hat das Tal den Namen erhalten. Unterkunftsgelegenheit für etwa 20 Personen. Ausgangspunkt für lohnende Touren.
Von der Hinterstberghütte links hinauf zu den obern Hütten, dann auf gutem Fussweg den Hang entlang über Weiden und durch Geröllhalden. Bald ist die Passhöhe der *Sichle* erreicht. Im Eriz auch Sulzistand genannt. Gegen das Eriz hinunter zieht sich der Sulzigraben, eine im Sommer trockenliegende Wildbachrunse. Schöner Tiefblick nach beiden Seiten, im Süden durchs Tal mit dem Niesen im Hintergrund, im Norden auf das waldreiche Eriz und die Honegg.
Der Abstieg erfolgt am linken Hang über Geröll auf schmalem, aber gut sichtbarem Pfad. Ungefähr bei der ersten freistehenden Tanne nach rechts hinunter (Farbmarkierung) gegen einen Brunnen und nach der Sennhütte *Ober Schöriz.* Im Abstieg nach Innereriz benützt man den breiten Weg über Unter Schöriz, Fuchser, *Marbech,* und quert dabei mehrmals kleine Zuflüsse zum Sulzigraben. Rechts erheben sich die wilden Zacken der Sieben Hengste. In Geissegg, jenseits des Sulzigrabens, erreichen wir den ständig bewohnten Talgrund im *Innereriz* (S. 111).

16 Eriz–Hornegg–Sigriswilgrat/ Burst

Bergweg ab Ober Hörnli. Lohnende Wanderung durch Wald und Weide abseits vom lärmenden Verkehr, im letzten Teil sehr steil.

Route	Höhe in m	Hinweg	Rückweg
Eriz/Linden 🚌	1001	–	2 Std. 45 Min.
Rütegg	1023	30 Min.	2 Std. 15 Min.
Hornegg	1194	1 Std.	1 Std. 40 Min.
Unter Hörnli	1401	1 Std. 40 Min.	1 Std. 20 Min.
Ober Hörnli	1482	2 Std.	1 Std.
Sigriswilgrat/ Burst	1968	3 Std. 30 Min.	–

Linden befindet sich ungefähr in der Mitte des waldreichen Eriz (S.111. Von der Busstation weg auf der Nebenstrasse mit S-Kurve hinunter zur Säge und über die Betonbrücke. Linkerhand erkennt man noch die Spuren des verheerenden Erdrutsches, der im nassen Sommer 1951 vom Zugschwand niederging und alles zudeckte.
Wir folgen dem Bergsträsschen zur Wirtschaft *Rütegg* und biegen zum Horrenbach ab, den wir auf einer Betonhängebrücke überqueren. Nach zwei grossen Kurven durch den Wald, dann auf dem Strässchen angenehm von der Unteren zur Mittleren *Hornegg*. Kurz vor Erreichen des Gehöfts nach rechts in den Horneggwald.
Bei der nächsten Gabelung auf der Höhe links haltend über die Egg, dann über die flachen Weiden direkt zu den Hütten von *Unter Hörnli,* von wo sich ein guter Überblick über die Wälder, Gräben und Höfe des Berglandes Eriz bietet. Oberhalb der Hütten wieder dem Weg links über die flache Egg folgen, durch das Wäldchen über die Kuppe Pt. 1512 zu der wenig tiefer liegenden Sennhütte von *Ober Hörnli,* auch Thunerhörnli genannt, weil es der Burgergemeinde Thun gehört. Nach der Hütte halten wir in Richtung auf

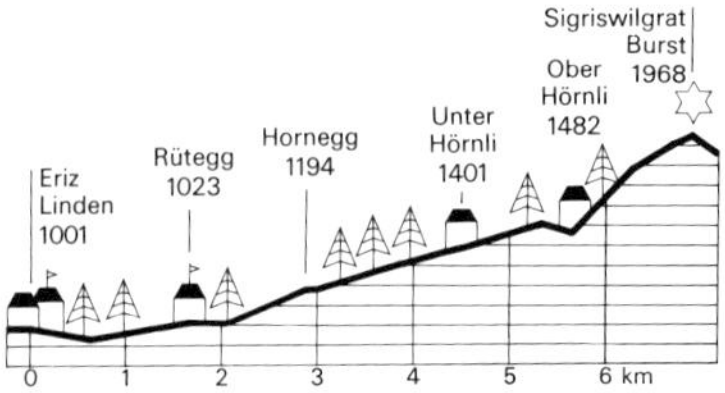

den steil ansteigenden Grat und kreuzen das Weglein, das diesem entlang von der Zettenalp nach Schöriz und ins hinterste Eriz führt. Im Zickzack durch den dünnen Bergwald zu Pt. 1795. Von hier Aufstieg zum *Burst.*

Nebenroute

Rütegg–Vord. Zugschwand–Gmeine Schöriz–Steinige Schöriz–Schörizegg Pt. 1464–Oberes Hörnli (Bergweg ab Steinige Schöriz) 2 Std. 30 Min.

17 Aussereriz–Horrenbach–Schwanden

Abwechslungsreiche Wanderung aus dem Eriz über die Zulgschlucht nach Horrenbach, auf den Tüelboden und über Weiden und durch Wald nach Sigriswil/Schwanden.

Route	Höhe in m	Hinweg	Rückweg
Aussereriz/Losenegg 🚌	1022	–	3 Std. 10 Min.
Koppisbrügg	848	25 Min.	2 Std. 40 Min.
Horrenbach	992	50 Min.	2 Std. 15 Min.
Tüelboden	1187	1 Std. 30 Min.	1 Std. 50 Min.
Dünzenegg	1367	2 Std. 15 Min.	1 Std. 15 Min.
Sagi	1077	3 Std.	20 Min.
Schwanden 🚌	1024	3 Std. 15 Min.	–

Von *Losenegg* im *Aussereriz* (S. 111) absteigend an Einzelhöfen vorbei über Eggen und durch Gräben, über die *Koppisbrügg* die Zulg überschreiten und kurz nachher durch den Wald hinauf zum Schulhaus von *Horrenbach.* Durch einen von Gebüsch begleiteten Hohlweg hinauf und über die aussichtsreiche Huetweid nach Hubel, wo wir mit dem Aufstieg von Cheistli über Reust zusammentreffen und kurz nachher den bekannten *Tüelboden* erreichen: Bergpredigt- und Chilbiplatz.

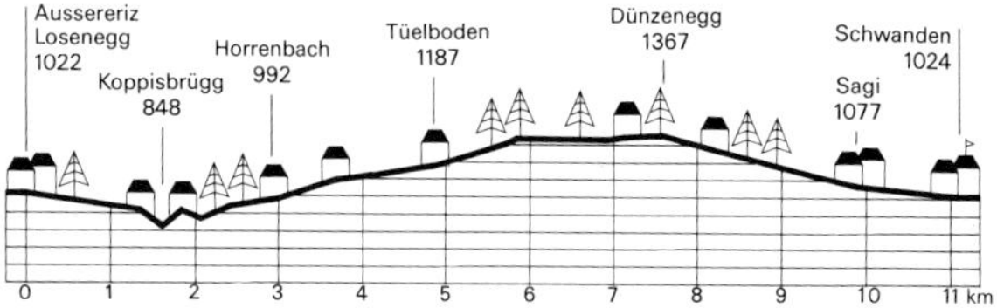

Anschliessend geradeaus über die Egg in den Ruerwald und dann ziemlich waagrecht über die Weiden der Alp Schnabel und durchs Tönimoos nach der *Dünzenegg,* wo sich der Blick weitet gegen den Sigriswilgrat und Schwanden. Der Abstieg dorthin erfolgt leicht über das Bergsträsschen, das bei der zugehörigen *Sagi* (nach Schlieregg–Sigriswil 🚌 45 Min.) in die grössere, auch dem Postauto dienende Strasse einmündet. Der Wanderer gelangt von hier direkt auf der Strasse oder mit einem Umweg über Zälgli in das in sonniger Landschaft verstreute Dorf *Schwanden.*

18 Sigriswil–Justistal–Beatenberg

Unbeschwerliche Höhenwanderung über dem Thunersee

Route	Höhe in m	Hinweg	Rückweg
Sigriswil 🚌	800	–	2 Std. 10 Min.
Wiler	860	30 Min.	1 Std. 45 Min.
Justistal/Grön	1124	1 Std. 35 Min.	50 Min.
Schmocken	1149	2 Std. 25 Min.	5 Min.
Beatenberg 🚡 🚌	1121	2 Std. 30 Min.	–

Von der Haltestelle *Sigriswil*/Bären (S. 116) durchs Dorf zum Gemeindegewölbe (Archiv). Von hier aus gelangt man auf einem Strässchen am Schulhaus Felden vorüber nach *Wiler* (nach Bärenegg–Merligen 🚌 ⛴ 30 Min.). Leicht steigend und durch den Wald geht es dem Justistal zu. Warnend ragt hoch oben am Südende des Sigriswilgrates die Spitzi Flue in den Himmel. Ein kühler Brunnen ladet zu einem frischen Trunke ein, Waldblumen oder Beeren ziehen unsere Aufmerksamkeit auf sich. Nach einer scharfen Wegbiegung stehen unvermittelt die schroffen Felsen der Schmockenflue gegenüber, und wir haben das einzigartige *Justistal* vor uns, ein hinten breites und ebenes, in der Mitte durch Felsstürze gestuftes,

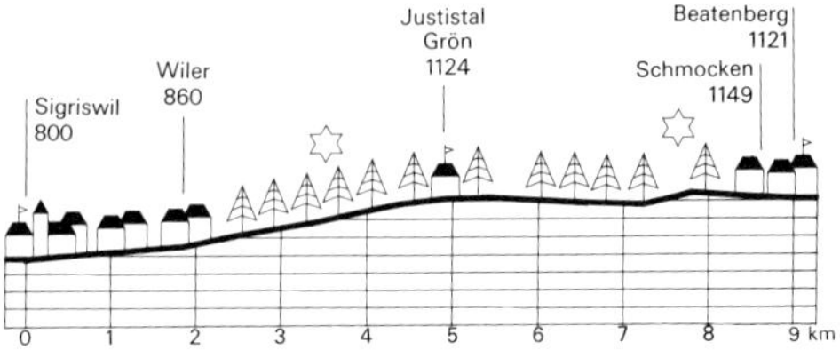

Die Alpgenossenschaften von Sigriswil und Beatenberg sömmern im Justistal rund 250 Stück Vieh. Ende September findet auf dem Speicherberg der Kästeilet statt. Stolz trägt der Bauer die wertvolle Last auf dem «Räf» heim (Route 15).

unterhalb Grön schluchtartig eingeschnittenes enges Tal, das über ein Delta zum See ausmündet.

Bei *Grön* (nach Merligen 🚌 ⛴ 1 Std.) queren wir neben der geräumigen Sennhütte den Grönbach, gelangen an zahlreichen Geröllhalden vorbei, durch Galerien und über solide Kunstbauten nach *Schmocken.*

Schon zeigen sich die ersten verstreuten Siedlungen Beatenbergs. Nach 10 Min. ist die Station *Beatenberg* der zum See hinunterführenden Standseilbahn erreicht (S. 109).

19 Sigriswil–Bergli–Schafloch–Burst

Bergweg ab Wilerallmi. Vielbegangene, sehr lohnende Route auf den aussichtsreichen Sigriswilgrat.

Route	Höhe in m	Hinweg	Rückweg
Sigriswil 🚌	807	–	3 Std. 45 Min.
Wilerallmi	1205	1 Std.	3 Std.
Unterbergli	1676	2 Std. 30 Min.	2 Std.
Oberbergli	1818	3 Std.	1 Std. 30 Min.
Schafloch	1760	3 Std. 30 Min.	1 Std.
Hinter Schafläger	1856	4 Std.	30 Min.
Burst	1968	4 Std. 40 Min.	–

Oben im Dorfe *Sigriswil* (S. 116), neben dem Hotel Adler, beginnt der Aufstieg. Wir folgen dem breiten Weg, bis er sich vor einem behäbigen Bauernhaus an der hohen Gartenmauer gabelt. Wir wenden uns nach rechts, unmittelbar zwischen dem Haus und dem Hühnerhof durch und benützen nachher das schmale Weglein, das mitten durch fruchtbare Felder auf die prächtige Terrasse von *Zälg* führt. Dieser Name weist überall auf frühe alemannische Besiedlung hin. Ein Blick rückwärts zeigt uns das Dorf Sigriswil und den Thunersee mit seinem Wahrzeichen, dem Niesen. In sanfter Steigung, zum Teil am schattigen Rande des Baches, gelangen wir zur grossen Sennhütte auf der *Wilerallmi*. Oberhalb der Hütte wendet sich der Weg durch ein grosses Tor dem Abhang des Sigriswilgrates zu, vorerst über festen Weideboden ohne deutliche Wegspur in Richtung der schwarzbraunen Heuhütte im Zaun, dann rechts hinauf gegen Zaun und Tor am Waldrand. Es wird nun steiler. Unvermittelt stehen wir nach einigen Kehren am Fusse der ersten senkrechten Felswand. Nach wenigen Minuten befinden wir uns im Grat oben zwischen den Felsen. Der abzweigende Weg führt zwischen Tannen und Steinen über Weideland durch die Berglikehle direkt ins Oberbergli. Wir

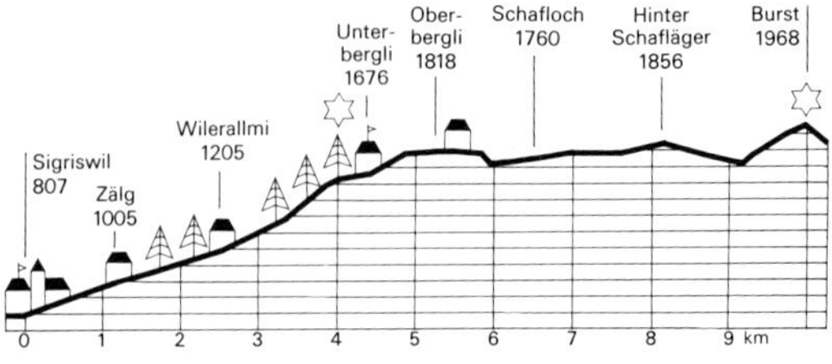

wenden uns nach rechts, treten bald aus dem Wald und gelangen durch ein Tor ins Unterbergli. Ein Abstecher von 5 Min. durch das deutlich sichtbare Weglein, nach Süden leicht fallend, führt uns zum Zaun am Rande der Weide. Direkt vor uns erhebt sich in steilen Kalkplatten, jäh zum Himmel strebend, die Spitzi Flue, ein begehrtes Ziel für geübte Kletterer. Nach wenigen Minuten erreichen wir die gastliche Sennhütte *Unterbergli.* Im Sommer Verpflegungs- und Übernachtungsmöglichkeit. Eine Röhre voll sprudelnden Wassers lässt uns staunen, dass in dieser Grathöhe solches zu finden ist.
Wir wenden uns zuerst etwas nach rechts zum Tor, das in die obere Weide führt, dann über festes Weideland mit oft unterbrochener Wegspur, allgemein in der Richtung des Grates. Nach dem nächsten Tor leicht auf und ab an immer zahlreicher zutage tretenden abgerundeten Kalkbuckeln vorbei zum Wegweiser im *Oberbergli.* Nach einigen hundert Metern erscheint gleich auch die Hütte des Oberberglis, flankiert von verschiedenen Behältern, die das Regenwasser sammeln. Der Weg windet sich immer häufiger zwischen mächtig vorstehenden, zum Teil tiefausgewaschenen Kalkfelsen hindurch. Diese Schratten oder Karren genannten Furchen und Rinnen sind durch die lösende Tätigkeit des Wassers in Verbindung mit der Kohlensäure der Luft entstanden (Schrattenflue).
Kurz nach der Hütte teilt sich der Weg. Geradeaus und ansteigend führt eine Abzweigung Richtung Oberer Rothornzug und Rothorn (Bergweg, 1 Std.). Rechts durch das Tor beginnt der Untere Rothornzug, zuerst in steilem Zickzack bis unter die Fluh, dann in leichtem Auf und Ab auf luftige Rippen und in tiefeingeschnittene Runsen, immer ungefähr der Höhenlinie 1800 m folgend, als seltener Höheweg längs des Justistales über eine Strecke von rund 3500 m. Der Weg bietet keine Schwierigkeiten, verlangt aber Aufmerksamkeit. Nach einer halben Stunde zeigt sich das *Schafloch* (nach Justistal/Grön, Bergweg, 1 Std.), das sich tief in den Berg hineinzieht und auf seinem Grunde einen Gletscher aufweist, der heute leider durch einen von der Armee erbauten Stollen durch den Sigriswilgrat nach der Zettenalp zugeschüttet ist. Dieser Stollen ist auf eigenes Risiko begehbar. Der Name weist darauf hin, dass hier und in allen andern Balmen und Nischen die zahlreich in diesem Gebiet weidenden prächtigen Schafe Schutz vor Hitze und Kälte, Regen und Schnee finden. Durch die nun folgende flache Gratmulde führt ein Verbindungsweg hinauf in den Obern Rothornzug. Wir bleiben aber auf unserem Höhenweg. Bei Pt. 1856 gelangen wir auf den Pass und zum *Hinter Schafläger.* Vor uns im Läger erkennen wir das Schäferhüttli bei Pt. 1856 (nach Justistal/Gross Mittelberg, Bergweg, 1 Std.) und die Hörnlizähne, die zum Burst hinweisen. In einer Stunde kann man über Hinter Schafläger zum *Burst* aufsteigen. Läger weist auf das Lagern der Tiere hin, Burst auf zähes, trockenes Borstengras.

20 Sigriswil–Stampf–Rothorn

Bergweg ab Schwanden/Sagi. Abwechslungsreiche Wanderung auf den Sigriswilgrat zum bekanntesten Aussichtspunkt der Gegend. Aufstieg etwas gleichmässiger und länger als Route 19. Vorsicht am Rothorn: nur für trittsichere, schwindelfreie Berggänger.

Route	Höhe in m	Hinweg	Rückweg
Sigriswil 🚌	807	–	3 Std. 10 Min.
Schwanden/Sagi 🚌	1090	1 Std.	2 Std. 30 Min.
Stampf	1265	1 Std. 30 Min.	2 Std.
Bodmi	1422	2 Std.	1 Std. 40 Min.
Berglikehle	1720	3 Std.	1 Std.
Oberbergli	1818	3 Std. 25 Min.	40 Min.
Rothorn	2049	4 Std. 30 Min.	–

Oben im Dorfe *Sigriswil* (S. 116), neben dem Hotel Adler, beginnen wir den Aufstieg auf dem gleichen Wege wie für Route 19, wenden uns aber an der hohen Gartenmauer beim Wegweiser nach links und steigen nach Schliereg hinauf.
Auf dem Fahrsträsschen weiter, über den tiefen Gärstengraben, bei der Strassengabel Pt. 1069 nach dem nächsten Graben als Abkürzung den Weg rechts benützen, beim Tor durch die Zaunmauer nochmals rechts abzweigen gegen Schleif oder bei Pt. 1069 geradeaus nach *Schwanden/Sagi* und von da ebenfalls in die Weide bei Schleif. Hier verlassen wir das Fahrsträsschen und wandern allgemein längs der Telefonleitung auf dem alten Weg an schönen Lärchen vorbei zur grossen Sennhütte auf *Stampf.*
Der Weg führt nun rechts längs der Grenzmauer über die von eigenartigen Buckeln durchsetzte Weide gegen Uf Surre. Vom einzigen Stall zieht er sich dann durch den Wald gegen die Alp *Bodmi* (Unterkunfts- und Verpflegungsmöglichkeit). Wir zweigen aber am Waldrand vom Weg zur Hütte links ab und gelangen auf der nächsten Alpstufe links am Ferienhaus vorbei auf den im Hang nach rechts leicht aufsteigenden, deutlich erkennbaren

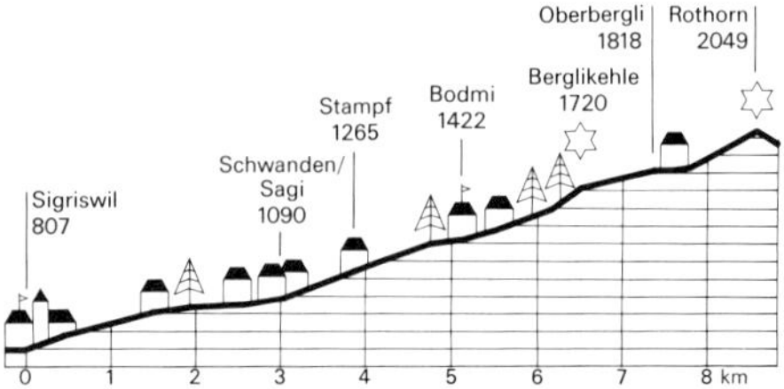

Könnte eine Wanderung genussreicher abgeschlossen werden als mit einer Schiffahrt? Die BLS-Flotte bietet einen leistungsfähigen Kursdienst mit modernsten Schiffen an.

Weg. In der Gratlücke, 100 m südlich Pt. 1798, bei der *Berglikehle* ist ein lohnendes Zwischenziel erreicht. Von hier folgt der Weg einem Tälchen zwischen den gleichlaufenden Schichten des Grates, um nach einer Viertelstunde zwischen Felsen und Tannen zum *Oberbergli* zu wechseln. Ein Regensammler neben der Hütte weist darauf hin, dass in dieser Höhe kein Quellwasser mehr zur Verfügung steht. Etwa 200 m entfernt, Richtung Rothorn, zweigt beim wackeligen Tor rechts der Weg zum Untern Rothornzug ab, während jener zum Gipfel geradeaus und leicht steigend am rechten Rand des Grates verläuft, stellenweise ohne deutlichen Zusammenhang. Am Fuss des Rothorns, ungefähr auf der Höhe von 1950 m, weist ein Richtungszeiger zum Gipfel und ein weiterer nach rechts zum Vordern Schafläger durch den Obern Rothornzug. Bei aufmerksamem Gehen bietet dieser Weg keine besondere Schwierigkeit, gutes Schuhwerk und Schwindelfreiheit vorausgesetzt.
Von hier verläuft der Weg zum Gipfel schräg links aufwärts. Da und dort ist eine Stufe zu überwinden. Höher oben finden sich auch noch Grasflächen. Auf einmal stehen der «Steinmann» und das Gipfelsignal vor uns. Das *Rothorn* ist der höchste Punkt des Sigriswilgrates und bietet fast unbegrenzte Rundsicht über das Emmental, das Mittelland, den Thunersee und das Oberland.

21 Sigriswil–Zettenalp–Eriz

Bergweg ab Schwanden/Sagi. Sommerwanderung über die Alpen zwischen Sigriswilgrat und Zulg. Teilstück der Alpenrandroute.

Route	Höhe in m	Hinweg	Rückweg
Sigriswil 🚌	800	–	4 Std. 10 Min.
Schwanden/Sagi	1090	1 Std.	3 Std. 20 Min.
Stampf 🚌	1265	1 Std. 30 Min.	3 Std. 10 Min.
Zettenalp	1580	2 Std. 10 Min.	2 Std. 35 Min.
Ober Hörnli	1482	2 Std. 50 Min.	1 Std. 45 Min.
Schörizegg	1464	3 Std. 15 Min.	1 Std. 25 Min.
Ober Schöriz	1356	3 Std. 30 Min.	1 Std.
Innereriz/Säge 🚌	1040	4 Std. 20 Min.	–

Von der Kirche *Sigriswil* (S. 116) durch das Dorf hinauf und beim Hotel Adler durch die alte Gasse. Bei der Gabelung im Schwendi links aufwärts, mit schöner Sicht auf die senkrechten Nagelfluhwände zuoberst in der Guntenschlucht, darüber das heimelige Dörflein Tschingel am Fusse des Margels. Leicht steigend geht es nun gegen Schlieregg, dann über den tiefen Gärsterengraben, später über einen weitern Graben und bei der Gabelung rechts geradeaus nach *Schwanden/Sagi.* Nun rechts hinauf nach Schleif. Hier hangaufwärts an den schönen Lärchen vorbei oder links herum auf dem Bergsträsschen zur grossen Sennhütte *Stampf* mit pyramidenförmigem Dachfirst. Durch das Tor neben der Hütte auf dem Fahrweg weiter. Vor uns am schützenden Waldrand die gastliche Skihütte der Naturfreunde.
In sanfter Steigung über den glatten Boden gegen den Wald hinauf, allgemein längs der Telefonleitung, dann in die von Wald umschlossene Alp Obere Matte. Rechts der Gebäude vorbei und schräg halbrechts leicht ansteigen in den breiten Fahrweg, der nach 200 m in den Wald eintritt und südlich Pt. 1599,2 die Wasserscheide zwischen Zulg und Thunersee erreicht.
Unmittelbar nach der Höhe prächtiger Brunnen, der zum Abkochen in dieser

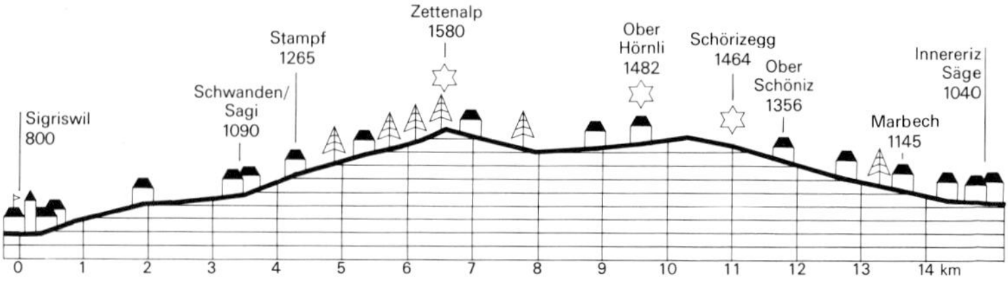

herrlichen Stille einlädt. Absteigend rechts an der Hütte Obere *Zettenalp* vorbei, weiter unten durch ein Tor in der Alpmauer und über Weide und durch wenig Wald zu einem Stall am Zaun, dann waagrecht dem Hang entlang zur markanten Hütte Hubelhörnli oder rechts dem Hange folgend direkt gegen die Hütte von *Ober Hörnli* (nach Unteres Hörnli–Rütegg–Eriz/Linden 🚌, 1 Std. 45 Min.).
Von der Hütte flach am Hang hinüber auf die aussichtsreiche *Schörizegg* (nach Vorder Schöriz–Zugschwand–Eriz/Linden 🚌, 40 Min.) und nach *Ober Schöriz.*
Im Abstieg nach Innereriz benützt man den breiten Weg über Unter Schöriz, Fuchsern, *Marbech* und quert dabei mehrmals kleine Zuflüsse zum Sulzigraben. Rechts in der Höhe erheben sich wie uralte Burgen die wilden Zakken der Sieben Hengste. In Geissegg, jenseits des Sulzigrabens, erreichen wir den ständig bewohnten Talgrund im *Innereriz* (S. 111).

22 Gunten–Aeschlen–Margel–Blueme

Direkter Aufstieg durch Feld und Wald zum Aussichtsturm auf dem Blueme.

Route	Höhe in m	Hinweg	Rückweg
Gunten 🚌⛴	560	–	1 Std. 45 Min.
Aeschlen 🚌	763	40 Min.	1 Std. 20 Min.
Allmid	1100	1 Std. 40 Min.	35 Min.
Margelsattel	1196	2 Std.	25 Min.
Blueme	1391	2 Std. 40 Min.	–

Vom Dorfplatz von *Gunten* (S. 111) aus rechts am Schulhaus vorbei leicht aufwärts, sofort nach der grossen Schreinerei nach links an den Waldrand zum Wegweiser und in zahlreichen Kehren auf die Höhe von Schönberg. Der Weg folgt alsdann dem mit Stauden und Bäumen besetzten Grabenrand

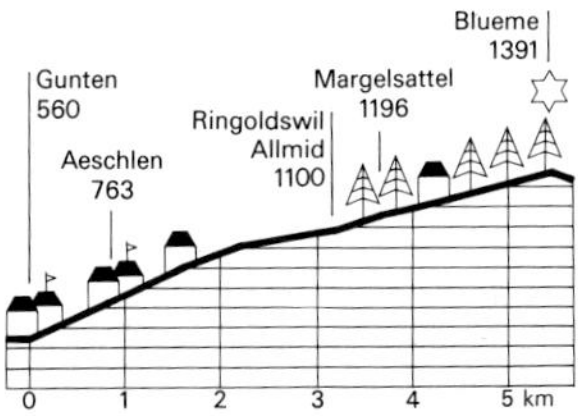

über Pt. 728 auf die sonnige Terrasse von *Aeschlen.* Im Sommer leuchten aus allen Gärten und von allen Fenstersimsen ungezählte gepflegte Blumen. Beim Feuerwehrmagazin gerade hinauf zur Hauptstrasse oder nach links am Schulhausplatz vorbei zur Strasse. Hier lohnt sich ein Abstecher von 5 Min. durch die Strasse abwärts zum Büelhubel. Prächtige Baumgruppe, herrliche Aussicht und ein gutes Panorama. Oben im Dorf beim Wegweiser steigen wir auf der rechten Seite längs eines kleinen Bächleins hinauf. Das weiter oben nach links abzweigende Strässlein lassen wir liegen und wandern immer geradeaus bergan bis zum nächsten Übergang übers Bächlein, rechts und links je ein Nussbaum. Von da leicht schräg nach links ansteigen bis zur grossen Linde an der Strasse Tschingel–Heiligenschwendi. Dann geradeaus weiter aufwärts an den Einzelhöfen von Margel vorbei bis zum letzten Haus am obern Höheweg, der rechts nach Blumenbergbad und nach Schwanden führt. Wir behalten die bisherige Richtung bei. Ohne bedeutende Steigung betreten wir bald durch ein breites Tor neben einer markanten Föhre die *Ringoldswil/Allmid.* Von hier zum alleinstehenden grossen Ahorn, links am neuen Magazin vorbei zur Wegkreuzung bei Pt. 1100 (nach Höhenklinik Heiligenschwendi 🚌 40 Min.), dann rechtwinklig nach rechts in den Wald auf den Rücken des Margel (nach Schwandenallmi–Schwanden/Sagi 🚌 30 Min.).

Es lohnt sich, nach rechts rund 500 m seewärts zum hervorragenden Aussichtspunkt des Margel abzuzweigen.

Im *Margelsattel,* Pt. 1196, beginnt der leichte Aufstieg über die Tschingelallmi links an der Hütte vorbei. Ein frischer Brunnen lädt zum Abkochen ein. Oberhalb der Hütte den bessern Weg schräg rechts längs des Zaunes benützen und durch die Zaunlücke in den Wald hinein, dann dem gleichmässig sanft steigenden linken Weg folgen. – Die gute Rechtsabzweigung dient der Holzabfuhr, eignet sich auch zum Wandern, führt aber erst nach längerem Umweg zum Bluemegipfel (ab Pt. 1316 nach Schwanden/Sagi 30 Min.). Ungefähr nach einer Viertelstunde beginnt sich der Wald nach einer S-Kurve zu lichten, der Bergrücken ist erreicht, und nach wenigen Augenblicken stehen wir am Fusse des Aussichtsturmes des *Blueme.*

◀ An den Hängen des Thunersees sind bis in recht grosse Höhen Lurche aller Art anzutreffen.

▶ In idealer Höhenlage über dem Thunersee ist Sigriswil mit seinen heimeligen Holzhäusern ein beliebter Ferienort für Familien. (Routen 18–21, 24 und 25).

23 Oertlibach–Heiligenschwendi

Schöner Aufstieg nach Ringoldswil und angenehme Höhenwanderung.

Route	Höhe in m	Hinweg	Rückweg
Oertlibach 🚌	563	–	1 Std. 50 Min.
Oertli	582	5 Min.	1 Std. 45 Min.
Erizbüel	791	35 Min.	1 Std. 20 Min.
Ringoldswil	999	1 Std. 10 Min.	1 Std.
Chrinde	1033	1 Std. 20 Min.	50 Min.
Heiligenschwendi/ Schwendi 🚌	1102	2 Std. 10 Min.	–

Von der Haltestelle *Oertlibach* steigen wir am Waldrand dem Bach entlang über *Oertli* in die Höhe bis zur Kreuzung mit der Aeschlenstrasse. Es lohnt sich, auf der Strasse einen Abstecher in die tiefeingeschnittene Schlucht zu machen. Molasseschichten treten zutage, und über Nagelfluhbänke springt der eingeengte Bach in Wasserfällen talwärts. Unser Weg steigt von der Strasse links schräg aufwärts, zweigt vor dem ersten Haus rechts ab und führt über den sonnigen Hang nach *Erizbüel,* Aussichtspunkt beim Nussbaum. Nach einer halben Stunde ist der Weiler *Ringoldswil* erreicht (nach Chieni–Blooch–Oberhofen 🚌 ⛴ 45 Min.). Der Strasse durch die grosse S-Kurve folgend, gelangen wir bald an den Fuss des eigenartigen Chrindehubels, Pt. 1054, der auf seiner runden Kuppe eine weithin sichtbare Linde trägt. *Chrinde* bedeutet mundartlich soviel wie Einschnitt. Diese Bezeichnung trifft hier ausgezeichnet zu. Unterhalb der Strasse die bekannte, im Sommerhalbjahr geöffnete Pension Chrindenhof. Über das Niesenbänkli sowie *Pt. 1133* gelangen wir nach kurzer Wanderung aus dem Wald, wo sich rechts die offene Weide gegen den Abhang des Blueme hinzieht. Etwas weiter vorn die weitläufigen Gebäude der Höhenklinik, eingebettet in die sonnige, windgeschützte Mulde von *Schwendi.* Nach weitern 10 Min. ist das Routenziel erreicht, die Strassengabel beim Hotel Alpenblick, Pt. 1102. Grosse Orientierungstafeln bei der Höhenklinik und neben der Käserei (S. 112).

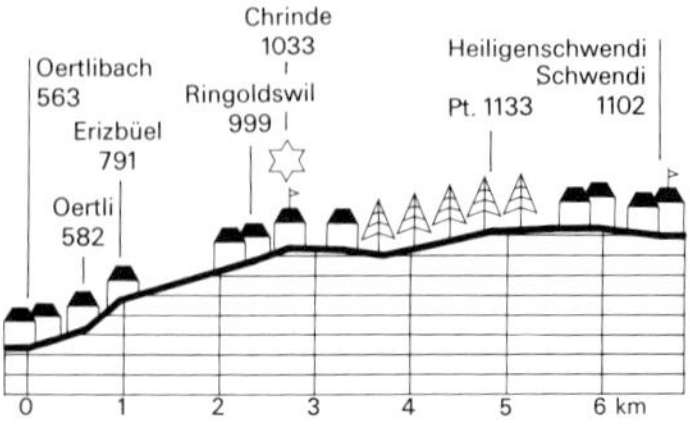

24 Heiligenschwendi–Schwanden–Sigriswil

Leichte Höhenwanderung hoch über dem Thunersee zum schönsten Aussichtspunkt dieser Gegend, dem Margel.

Route	Höhe in m	Hinweg	Rückweg
Heiligenschwendi/ Schwendi 🚌	1102	–	2 Std. 10 Min.
Margelsattel	1196	1 Std. 50 Min.	1 Std. 15 Min.
Schwanden	1024	2 Std. 10 Min.	50 Min.
Stalden	1007	2 Std. 20 Min.	40 Min.
Sigriswil 🚌	807	2 Std. 50 Min.	–

Von der Haltestelle *Schwendi* in der Gemeinde *Heiligenschwendi* (S. 112) bis zur Höhenklinik und von dieser ostwärts der Strasse entlang bis zur Verzweigung bei Pt. 1138. Nach einigen Biegungen um Eggen und in Gräben hinein gelangt man zu einer Strassengabel im Walde. Rechts abwärts führt die Strasse über Ringoldswil und Tschingel direkt nach Sigriswil. Wir wählen den linkerhand leicht ansteigenden Weg und erreichen über Hinterport (nach Ringoldswil 15 Min.) nach schöner Waldwanderung den Sattel nördlich des *Margel.* Rechts auf der Kuppe steht eine schöne Dähle. Ein Abstecher von 10 Min. über den Margelweg nach rechts zu Punkt 1180 verbessert die Aussicht um ein Vielfaches. Es gibt rund um den Thunersee nicht viele Orte, die nach müheloser Wanderung eine so reichhaltige Rundsicht vermitteln. Zurück zum Sattel und auf gutem Weg über Matte, Pt. 1090 entweder direkt nach Stalden, Pt. 1007, oder zuerst nach *Schwanden.* Im Dorf umbiegen und auf der Strasse etwa 1 km talwärts bis zur Pension *Stalden.* Vor der Pension links abzweigen über Bösenzelg hinunter auf die Strasse. Man kann ihr folgen oder hangabwärts den etwas holperigen Fussweg einschlagen, der den Bühlgraben (Guntenbach) quert und nach *Sigriswil* (S. 116) führt. Schönes Dorf, Hauptort der grossen Gemeinde.

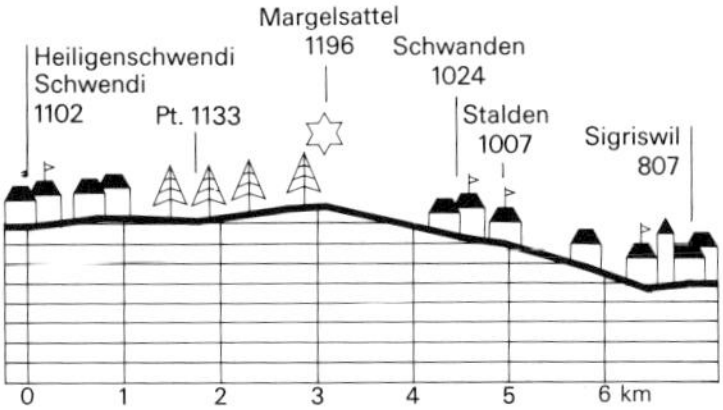

25 Oberhofen–Aeschlen–Sigriswil–Merligen

Sehr lohnende Höhenwanderung über dem Thunersee.

Route	Höhe in m	Hinweg	Rückweg
Oberhofen 🚌 ⛴	563	–	2 Std. 10 Min.
Blooch	702	25 Min.	1 Std. 50 Min.
Erizbüel	791	50 Min.	1 Std. 30 Min.
Aeschlen 🚌	763	1 Std.	1 Std. 10 Min.
Sigriswil 🚌	800	1 Std. 20 Min.	1 Std.
Endorf	775	1 Std. 35 Min.	45 Min.
Merligen 🚌 ⛴	561	2 Std. 10 Min.	–

Von der Schiffstation *Oberhofen* (S. 115) 5 Min. auf dem Trottoir der Hauptstrasse aufwärts zur Bushaltestelle Rieder, dann längs des gleichnamigen Baches zum Baugeschäft Frutiger, wo der Wegweiser auf das Strässchen nach rechts weist. Da wo dieses den grossen Vorplatz verlässt, kann man diesem folgen, oder direkt über eine längere Treppe die Höhe gewinnen, dann durch guten Wanderweg dem Wald entlang – oder durch das Strässchen – zum prächtigen Aussichtspunkt bei der *Bloochbueche*.
Der breite Weg verläuft nun, wenig steigend, während mehr als einer Viertelstunde durch schönen Wald und führt bei *Erizbüel* (nach Gunten/Oertli 🚌 25 Min.) zu einem weiteren, prächtigen Aussichtspunkt. Dann auf einem Fahrsträsschen durch den Ringoldswilgraben in die sonnige Siedlung *Aeschlen* (nach Gunten 🚌 ⛴, 25 Min.). Auf dem sogenannten Kirchweg weiter, durch die Gumischlucht über den Guntenbach, und nach kurzem Anstieg an Friedhof und Kirche vorbei, mitten ins schöne Dorf *Sigriswil*, Hauptort der weitläufigen Gemeinde (S. 116) und Ausgangspunkt zahlreicher Wanderrouten.
Nach dem lohnenden Besuch ein kurzes Stück durch die Dorfstrasse abwärts, dann in der ersten grossen Kurve geradeaus nach dem hübschen

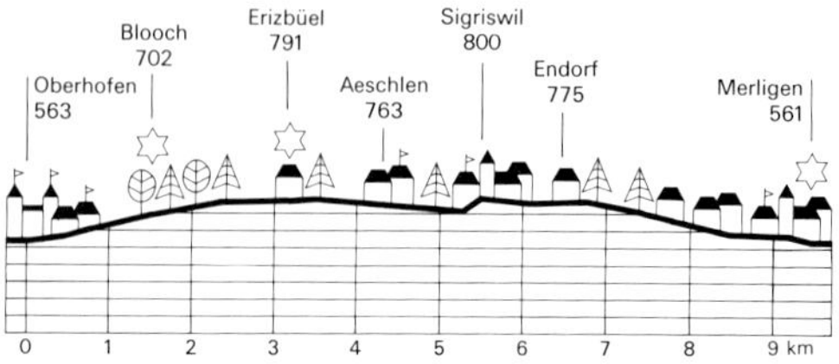

Weiler *Endorf,* vermutlich «ennet dem Dorf». Nach dem Stampachgraben senkt sich der Weg durch den Wald abwärts, an Einzelhöfen vorbei, durch das Ralligholz und nach dem Vorderdorf *Merligen.* Nun Abstieg an den See und zu den Haltestellen von Bus oder Schiff (S. 114).

26 Oberhofen–Heiligenschwendi–Blueme

Kürzester Aufstieg vom Thunersee zum waldreichen Blueme.

Route	Höhe in m	Hinweg	Rückweg
Oberhofen	563	–	1 Std. 45 Min.
Klösterli	600	10 Min.	1 Std. 40 Min.
Allmit	830	1 Std.	1 Std. 20 Min.
Heiligenschwendi/ Schwendi	1102	1 Std. 40 Min.	45 Min.
Wolfgruebe	1242	2 Std.	20 Min.
Blueme	1391	2 Std. 30 Min.	–

Von der Haltestelle oder von der Ländte *Oberhofen* (S. 115) aus auf dem Trottoir längs der Parkmauer bis zum Rieder, von da aufwärts dem Bach entlang bis zum *Klösterli,* das früher zum Kloster Interlaken gehörte. Vom Wegweiser an durch die breite Gasse steiler bergan gegen Rinderstall. Rechterhand auf dem Hügel im Gehölz die spärlichen Überreste der Burg von Oberhofen. Hier mag auch Walter von Eschenbach gelebt haben, der 1308 am habsburgischen Königsmord beteiligt war.
Etwas oberhalb des neuen Schützenhauses erreichen wir die Wegkreuzung vor *Allmit* bei Pt. 757. Wir benützen den bessern Weg zur Rechten, der über Ober Allmit, Pt. 1003 und eine Weggabelung zwischen zwei Höfen in knapp einstündigem Aufstieg in der Nähe des Hotels Alpenblick in *Schwendi* in die Strasse mündet. Wir wenden uns nach rechts und gelangen bald an der Post

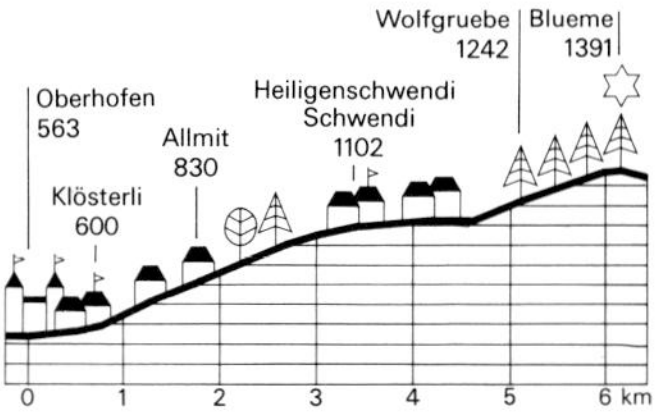

vorbei zur Höhenklinik. Etwas oberhalb des Sanatoriums zweigt ein Weg nach links ab, der zum Denkmal der Gründer führt und von dort durch den Hochwald hinauf auf den Blueme.
Wir folgen aber dem Strässchen noch etwa 200 m über diese Abzweigung hinaus und treten beim nächsten Tor nach links in die Weide. Hier schräg aufwärts gegen den Stall, dort links vorbei über offenes Weideland bis zum Zaun am obern Waldrand. Beim Wegweiser *Wolfgruebe* nach rechts aufsteigen zum Aussichtsturm auf dem *Blueme.*

27 Hilterfingen–Stierenegge–Heiligenschwendi–Teuffenthal–Schwarzenegg

Abwechslungsreiche Wanderung durch Wald und Feld vom Thunersee über die wilde Zulg nach Schwarzenegg.

Route	Höhe in m	Hinweg	Rückweg
Hilterfingen 🚌 ⛴	560	–	3 Std. 25 Min.
Stierenegge	986	1 Std. 25 Min.	2 Std. 25 Min.
Heiligenschwendi/ Bim Schuelhus 🚌	1009	1 Std. 35 Min.	2 Std. 20 Min.
Hüniboden	1101	2 Std.	2 Std.
Stalden	1162	2 Std. 15 Min.	1 Std. 50 Min.
Teuffenthal/ Burghalten 🚌	956	3 Std.	1 Std.
Schwarzenegg 🚌	916	4 Std.	–

Von der Ländte oder der Haltestelle *Hilterfingen* steigen wir auf dem Strässchen rechts des Dorfbaches aufwärts, biegen kurz nach den letzten Häusern leicht links ab und erreichen durch eine von Hecken umsäumte Gasse den Waldrand von *Burech.* Dieser Name gallischen Ursprungs kommt in un-

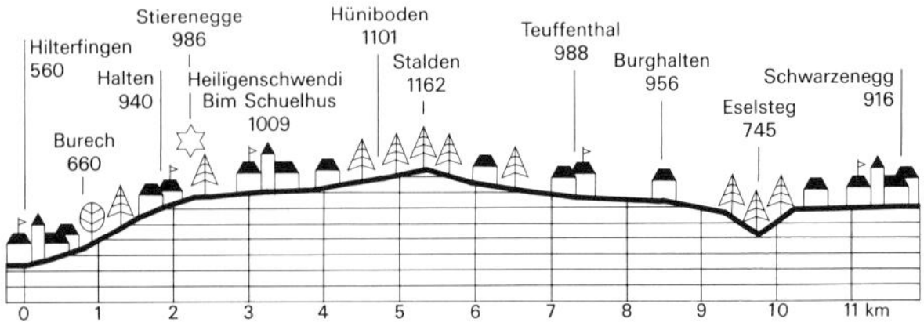

Schloss Oberhofen, ein Herrensitz aus Berns aristokratischer Zeit, heute Museum (Routen 25, 26 und 31).

serem Lande mehrmals vor und bedeutet Hochwald. Bei Burech treten wir in den ausgedehnten Buchen- und Tannenwald ein und gewinnen bald bedeutende Höhe. Beim Waldaustritt erkennen wir am steilen Hang vereinzelte Häuser und Scheunen und zuoberst die schmucke Pension Haltenegg. Nachdem wir links dem Waldrand entlang weiter gestiegen sind, erreichen wir auf einer Schulter der obgenannten Egg die Häusergruppe von *Halten.* Nach Halten gelangen wir auch, wenn wir oberhalb Hilterfingen den Bach nicht überschreiten, also auf dem östlichen Ufer bleiben und gegen das Schützenhaus auf Tannenbüel ansteigen. Längs des Waldrandes gerade hinauf in den grossen Wald hinein. Dieser Aufstieg ist etwas länger, aber angenehmer in der Steigung als jener von Burech aus.
Der Weg führt nun links ausholend um die Egg herum nach Trachtwegen. Tracht bedeutet Traglast und bezeichnete wohl früher den steilen Weg, auf dem man die Lasten von Hilterfingen herauftrug.
Kurz nach dem Walde, beim *Stierenegge,* gabelt sich der Weg. Hier zweigen wir rechts ab und gelangen am Gehöft Buechen vorbei zur weithin sichtbaren Kapelle von *Heiligenschwendi* (S.112), erbaut von Architekt Wipf. Unweit daneben findet sich die Schulanlage der Gemeinde, *«Bim Schuelhus».* Nach links leicht aufsteigend treten wir bald in ein hübsches Lärchenwäldchen und wenig später auf den *Hüniboden* (nach Denkmal–Höhenklinik 🚌 20 Min.), vielen bekannt wegen der wiederkehrenden grossen «Chilbi». Durch den Wald ansteigend gelangen wir zu dem sinnvoll mit *Stalden* bezeichneten Übergang (Pass) ins heimelige *Teuffenthal* zur Poststation *Burghalten.* Von hier 5 Minuten auf der Strasse abwärts bis zur Säge, dann auf einem Feldweg in den Wüeriwald und auf dem *Eselsteg* über die wilde Zulg. Anschliessend steigt man auf gutem Zickzackweg am Friedhof vorbei ins Dorf *Schwarzenegg.*

28 Hilterfingen–Heiligenschwendi–Goldiwil

Angenehmer Aufstieg durch schattigen Wald auf die sonnigen Höhen über dem lieblichen Thunersee.

Route	Höhe in m	Hinweg	Rückweg
Hilterfingen	562	–	1 Std. 30 Min.
Burech	660	15 Min.	1 Std. 20 Min.
Halten	940	1 Std. 15 Min.	40 Min.
Stierenegge	986	1 Std. 25 Min.	30 Min.
Heiligenschwendi/ Dörfli	950	1 Std. 30 Min.	25 Min.
Goldiwil/Kirche	960	2 Std.	–

Von der Ländte oder der Haltestelle *Hilterfingen* (S. 112) an steigen wir auf dem Strässchen rechts des Dorfbaches aufwärts, biegen kurz nach den letzten Häusern leicht links ab und erreichen durch eine von Hecken umsäumte Gasse den Waldrand bei *Burech.* Dieser Name gallischen Ursprungs kommt in unserem Lande mehrmals vor und bedeutet Hochwald.
Bei Burech treten wir in den ausgedehnten Buchen- und Tannenwald ein und gewinnen bald bedeutende Höhe. Beim Waldaustritt erkennen wir am steilen Hang vereinzelte Häuser und Scheunen und zuoberst die schmucke Pension Haltenegg. Nachdem wir links dem Waldrand entlang weiter gestiegen sind, erreichen wir auf einer Schulter der obgenannten Egg die Häusergruppe von *Halten.*
Nach Halten gelangen wir auch, wenn wir oberhalb Hilterfingen den Bach nicht überschreiten, also auf dem östlichen Ufer bleiben und gegen das Schützenhaus auf Tannenbüel ansteigen. Längs des Waldrandes gerade hinauf in den grossen Wald hinein. Dieser Aufstieg ist etwas länger, aber angenehmer in der Steigung als jener von Burech aus.
Der Weg führt nun links ausholend um die Egg herum nach Trachtwegen.

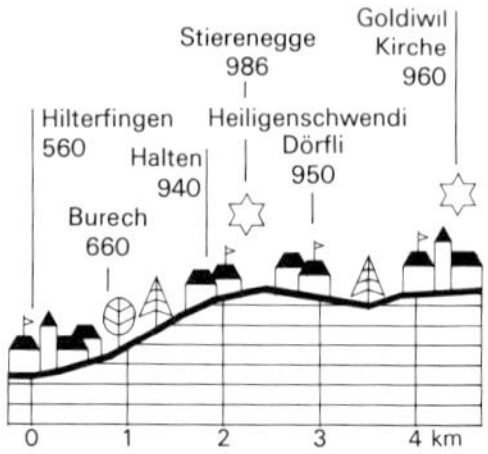

Blütenpracht und Stille in Sigriswil. «Han-am-en-Ort es Blüemli gseh . . .» (Routen 18–21, 24 und 25).

Tracht bedeutet Traglast und bezeichnete wohl früher den steilen Weg, auf dem man die Lasten von Hilterfingen heraufztrug.
Kurz nach dem Walde, beim *Stierenegge,* gabelt sich der Weg. Geradeaus an stattlichen Bauernhäusern vorbei, ins *Dörfli.* In der Mitte befindet sich die Käserei, daneben eine Orientierungstafel. Hier kreuzen wir die Strasse, die von Thun her nach *Heiligenschwendi* führt (nach Hünibach–Thun 1 Std. 15 Min.). Leicht ansteigend gelangen wir zu einer Waldecke, wo der Weg stark links, zur Säge bei Pt. 903 abbiegt. Hier und in der etwas weiter

talwärts liegenden Grabenmühle nutzten die Bewohner schon in früher Zeit die Wasserkräfte. Leicht aufwärts wandern wir aus dem Graben, und schon taucht über Hügeln das Wahrzeichen Goldiwils auf: das schmucke Kirchlein aus dem Jahre 1950. Als Folge der grossen wirtschaftlichen Veränderungen drängte sich die Eingemeindung der kleinen Berggemeinde *Goldiwil* zu Thun auf. Die entsprechenden Beschlüsse datieren aus dem Jahre 1912.

Nebenroute
Hilterfingen–Tannenbüel–Haltengraben–Halten 1 Std. 15 Min.

29 Steffisburg–Goldiwil–Heiligenschwendi

Leichte Wanderung aus dem Zulgtal auf die Höhen über dem Thunersee.

Route	Höhe in m	Hinweg	Rückweg
Steffisburg	563	–	2 Std. 20 Min.
Steffisburg/Platz	586	25 Min.	2 Std.
Erlen	619	35 Min.	1 Std. 50 Min.
Schwendibach/Dörfli	880	1 Std. 25 Min.	1 Std. 10 Min.
Barmettlen	930	1 Std. 35 Min.	1 Std.
Goldiwil/Melli	1000	2 Std. 05 Min.	40 Min.
Heiligenschwendi/ Schwendi	1102	2 Std. 50 Min.	–

Von *Steffisburg/Station* bis Bösbachmündung. Der Zulg aufwärts folgen, quer durch das Dorf bis in die Erlenstrasse, wo die Wanderer vom Bushalt «Platz» her ebenfalls eintreffen.
In *Steffisburg/Platz* beim grossen Brunnen biegen wir in die Erlenstrasse ein. Am Schulhaus und an der Häusergruppe in der *Erlen* vorbei gelangen wir bald in den stillen Wald. Leicht steigend erreichen wir die Hombergstras-

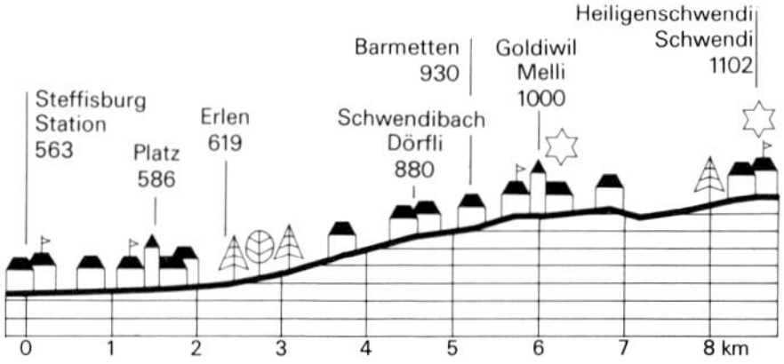

se, überqueren auf derselben, ein paar Meter abwärts schreitend, den Bach und wandern auf dem andern Ufer längs desselben durch den schönen Wald dem Fuchsloch zu.
Im Fuchsloch wenden wir uns auf gutem Weg nach links und gelangen über Allmerüti zum Schulhaus der kleinen Gemeinde *Schwendibach,* die kirchlich zu Goldiwil gehört. Einige hundert Meter oberhalb des Schulhauses gabelt sich der Weg. Nach rechts geht es über Wilimatt bequem um etliche Hügel herum ins untere Goldiwil, nach links aber zu der Häusergruppe, die *Dörfli* genannt wird. Unweit davon verläuft der Weg geradeaus nach dem Obern Homberg und nach rechts ansteigend zu den behäbigen Häusern von *Barmettlen.*
Gleichmässig aufwärtssteigend gelangen wir zum Schiessplatz Giebelegg und von da flach hinüber zum ehemaligen Schulhaus von *Goldiwil,* im *Melli,* zu den Häusern, die einst dem Mello gehörten. Überwältigend kann es sein, wenn wir Glück haben, hier in der Sonne zu stehen, während ein samtweiches Nebelmeer zu unseren Füssen liegt und auf gleicher Höhe in alle Täler eindringt.
Zwischen den letzten zwei Häusern durch nach links gegen die einzelstehende Tanne bei Flühli und weiter ostwärts, wenig oberhalb der Autostrasse, dann ein kurzes Stück auf derselben bis Hintermatt. Von dort schräg abwärts gegen Hübeli und Moos. Nach Durchqueren der feuchten Wiesen gerade hangauf gegen das grosse Bauernhaus, rechts vorbei, beim Wegweiser einen nach dem Hüniboden aufsteigenden Weg überschreiten und am Rande der fruchtbaren Terrasse von *Aebnit* zur Strasse hinüber, auf welcher wir nach 500 m die Strassengabel beim Hotel Alpenblick erreichen. Damit ist unser Ziel *Heiligenschwendi/Schwendi* (S. 112) erreicht. Orientierungstafel neben der Käserei.

Nebenroute
Erlen–Stutz–Pt. 750–Strichelberg–Pt. 815–Dreili–Dreiligass–Enzebüel–Wolfbach–Multenegg–Hüniboden–Schwendi–Höhenklinik 🚌
2 Std. 15 Min.

◂ An den wildwachsenden Rosenbüschen, die der Wanderer hier und dort an sonnigen bis halbschattigen Standorten trifft, wird er sich besonders erfreuen. Die Hunds- oder Heckenrose ist eine dieser Rosenarten; ihre schönen weissen bis rosaroten Blüten erstrahlen von Juni bis Juli.

30 Steffisburg–Buchen–Teuffenthal–Horrenbach–Eriz/Linden

Abwechslungsreiche Wanderung längs des Zulgtales durch ein stilles, lohnendes Wandergebiet. Stark verteert.

Route	Höhe in m	Hinweg	Rückweg
Steffisburg	563	–	4 Std. 10 Min.
Steffisburg/Dorf	586	25 Min.	3 Std. 40 Min.
Buchen	973	2 Std.	2 Std. 35 Min.
Teuffenthal	956	2 Std. 25 Min.	2 Std.
Horrenbach	992	3 Std. 25 Min.	1 Std.
Rütegg	1023	3 Std. 50 Min.	25 Min.
Eriz/Linden	1001	4 Std. 15 Min.	–

Von *Steffisburg/Station* aus führt der Weg auf dem linken Ufer der Zulg unter der Thun–Bern-Strasse durch zur gedeckten Holzbrücke. Sie trägt den Zimmermannsspruch: «Nume keis Gschär, aber geng Holz här.»
Von hier aus bieten sich zwei Möglichkeiten, zur Zulgbrücke im Oberdorf zu gelangen: entweder wenden wir uns nach Überschreiten der Brücke nach rechts und marschieren auf der Strasse aufwärts, um nach knapp 5 Minuten direkt dem Ufer entlang, an den Gebäuden der Sekundarschule vorbei, weiterzuwandern, oder neben der Brücke auf dem linken Zulgufer den Reckweg bis zu seinem Ende benützen und dann über die Fussgänger-Betonbrücke auf dem andern Ufer wie im ersten Fall ins Oberdorf.
Auffallend ist der grosse Widerspruch zwischen dem breiten, sorgfältig ausgemauerten Bachbett und dem meist kaum sichtbaren Wasserlauf der Zulg. Im Frühjahr aber, zur Zeit der Schneeschmelze und nach den heftigen Gewittern des Sommers wird jedermann klar, dass die Zulg gebändigt werden musste, sollte sie nicht Matten und Gärten mit Schutt überdecken und die auf dem ehemaligen Schuttkegel des Wildbaches stehenden Gebäude ge-

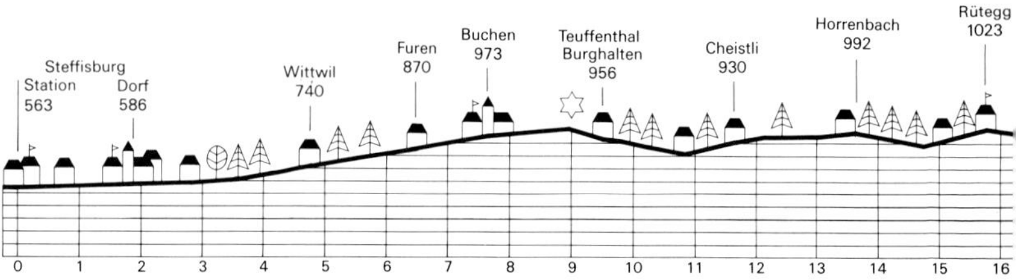

fährden. Die gewaltigen Verwüstungen im Sommer 1974 sind allen Betroffenen und Beteiligten in tiefer Erinnerung.
Auf der grossen Brücke im Dorf überqueren wir die Zulg neuerdings, dann links durch die Zelggasse an einem mittelalterlichen Herrensitz, dem Hochhaus vorbei. Vor den Hochhäusern befand sich die alte Landgerichtsstätte des Freigerichtes Steffisburg. Von der erwähnten Brücke können wir auch auf dem Uferweg das nächste Ziel erreichen.
Beim Wegweiser am Fusse des Zulgrains rechts dem Strässchen folgen, durch das stille Tälchen längs des Winterholzes über Weid nach *Wittiwil,* dann den Stegbach und den Schwendigraben queren und zu den schmukken Häusern von *Furen.* Auf der andern Talseite tauchen die verstreuten Häusergruppen von Fahrni, Kreuzweg und Unterlangenegg auf. Vor uns über dem Graben erhebt sich das gediegene Kirchlein von *Buchen* (S. 110, nach Friedhof–Chäsereigraben–Lochsteg–Schwarzenegg 🚌 1 Std. 10 Min.). Ein Abstecher auf den markanten Rundhügel und die Kirche mit kunstvollem Wandteppich lohnt sich. Von Buchen ins *Teuffenthal* entweder dem Strässchen entlang oder bei der Säge in der Nähe der Pension Erika rechts hinauf nach der Schmidsegg.
Nach kurzem, steilem Abstieg treffen wir bei der Post Teuffenthal wieder mit dem Strässchen zusammen. Hier befindet sich auch die Endstation des Postautokurses.
Von der Strassenkreuzung weg folgen wir dem Strässchen leicht abwärts bis zum Waldrand, benützen dort rechts abzweigend den Fussweg, der uns längs des Bächleins gegenüber einer mächtigen Nagelfluhwand bald wieder zur Strasse führt, über welche wir an dichtbewaldeten Schluchten vorbei kurz nacheinander den Rehloch- und Pressernbachgraben überqueren und dann zum *Cheistli* ansteigen. Unweit dieses Weilers verläuft merkwürdigerweise die nördlichste Grenze der Gemeinde Sigriswil.
Vom Cheistli an verläuft der Weg ohne wesentliche Steigungen zu den breiten Häusern von *Horrenbach,* dessen Schulhaus im Schutze des nahen Waldes sichtbar wird.
Sonderbarerweise bildet Horrenbach mit dem früher genannten Buchen eine Einwohnergemeinde, während das dazwischenliegende Teuffenthal eine selbständige Gemeinde darstellt. Kurz nach dem Schulhaus den scheinbar schlechtern Weg nach links abwärts gegen die Horrenbachmühle wählen (nach Koppisbrügg–Aeppeschwändi–Eriz/Losenegg 🚌 40 Min.), da beim oberen kürzeren Weg keine Brücke über den Hintern Horrenbach führt. Nach Überschreiten dieses Baches rechts die bewaldete Rippe hinauf nach *Rütegg,* wo der Weg sich bei der Wirtschaft nach Nordosten wendet.
Von Rütegg zur Betonbrücke über die Zulg und zum Weiler *Eriz/Linden* (S. 111) aufsteigen.

31 Thun–Oberhofen–Merligen

Ab Hünibach lohnender Höhenweg parallel zur Seestrasse mit Abstiegsmöglichkeiten zu den Haltestellen von Schiff und Autobus. Teilstück des Thunersee-Rundweges.

Route	Höhe in m	Hinweg	Rückweg
Thun	560	–	4 Std.
Hünibach	593	45 Min.	3 Std. 15 Min.
Hilterfingen/Burech	660	1 Std. 15 Min.	2 Std. 45 Min.
Oberhofen/Klösterli	590	1 Std. 50 Min.	2 Std.
Gunten	565	2 Std. 40 Min.	1 Std. 15 Min.
Merligen	563	4 Std.	–

Vom Bahnhof *Thun* (S. 117) über die Bahnhofbrücke und durch die Freienhofgasse am Freienhof vorbei, der nach den alten Plänen neu erstellt wurde. Dann über die Sinnebrücke, rechts die Treppe hinab und der Aare entlang durch die Seepromenade nach Hofstetten. Interessante Parkanlage mit prächtiger Zypresse. Brahms-Denkmal seit 1933, daneben hübsche Statue. Weiterer Zugang ab Bahnhof über Obere Schleusenbrücke–Göttibachsteg auf den Aarequai. Am jenseitigen Ufer das tausendjährige Scherzligkirchlein sowie Park und Schloss Schadau. Immer dem Ufer folgen bis zur Seematte, dort durch eine der zahlreichen Strassen hinauf zur Hauptstrasse und diese beim Tea-Room Chartreuse kreuzen. Früher gehörte die ganze Chartreuse den Karthäusermönchen von Thorberg. Heute ist diese Parklandschaft fast vollständig und uneinheitlich überbaut.
Von hier neben der Post hinauf zur obern Brücke und zum alten Schulhaus von *Hünibach* (S. 113). Dann etwas ansteigen nach «Vor dem Wald» und dem aussichtsreichen Fussweg am Waldrand folgen. Unter uns, auf einer markanten Kuppe, die geschützte Parklandschaft von Eichbühl, Fundstellen von römischen Münzen und alemannischen Gräbern. Im Lauelibach zweigt ein Waldweg in den Hüneggpark ab. Unsere Route führt vom Lauelibach leicht aufwärts und hinüber zur Wegkreuzung bei *Burech.* Auf gut angeleg-

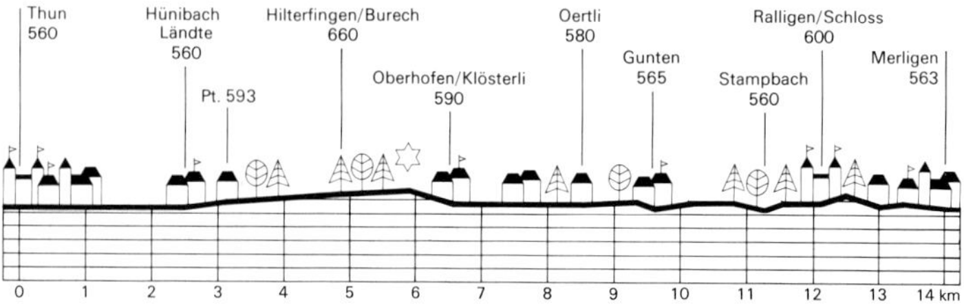

tem Pfad in einem Bogen den Dorfbachgraben queren und bei Tannenbüel wieder aus dem Wald austreten. Auf erhöhten Standorten die alte Kirche von *Hilterfingen* (S. 112) und das neue Sekundarschulhaus von Oberhofen-Hilterfingen.
Unterhalb des Waldes dem Hang entlang zur Weggabelung Tannenbüel, dann hinunter zum Hotel Montana und gegen *Klösterli*, eine ehemalige Filiale des Klosters von Interlaken. Schönes Türmchen mit Sonnenuhr. Rechts des Baches kann man zur Bushaltestelle Rieder/*Oberhofen* gelangen. Unterhalb der Strasse die wunderschöne öffentliche Parkanlage Wichterheer mit Jugendherberge und Churchill-Gedenkstätte. Rechts anschliessend Schloss und Park von Oberhofen.
Wir setzen unsere Wanderung hinter dem Silo der Sägerei Frutiger fort und steigen auf der Treppe die steile Böschung des Riedbaches hinauf. Oberhalb der Chalets und des Rebbergs von Oberhofen führt ein Weg hinüber in den Längenschachen. Unter uns an der Seestrasse das Heidenhaus. Zwischen den Einfamilienhäusern hindurch gelangen wir zur Strasse nach Aeschlen. Auf der Strasse rechts hinunter an den See besteht die Möglichkeit, die Bus- oder Schiffstation Längenschachen zu erreichen.
Wir überqueren die Strasse und wandern dem Saum des *Oertli*waldes entlang auf erhöhter Terrasse zum Oertligraben. Diesen queren, an einigen Häusern am Hang vorbei und beim Wegweiser entweder rechts nach Gunten absteigen mit Zugang zum Reservat Amez-Droz oder links leicht ansteigend am obern Rande des Reservates auf dem Weg über Schönberg–Amietgemälde nach *Gunten* (S. 111). Nach rechts geradeaus zum Dorfplatz mit Haltestelle und Orientierungstafel und anschliessend dem Bach entlang zur obern Brücke in der Guntenbachschlucht.
Nach der Weggabel im Walde queren wir auf gutem Feldweg den sonnigen Hang bis zum Hotel Bellevue und wandern nach der grossen Strassenkurve oberhalb des Seehaltenwaldes und dann hinunter zum *Stampbach* und jenseits leicht steigend in den alten Rebberg von Ralligen, zuletzt durch den steilen Wald des gleichnamigen Schlosses. Früher Sitz des Klostermeiers von Interlaken. *Ralligen* stehe an Stelle der durch Bergsturz verschütteten Stadt Roll. Steinblöcke als mögliche Zeugen sind vorhanden.
Auf breitem Feldweg erreichen wir das Ralligholz. Gleich nachher dehnt sich unter uns dem Hang entlang das Vorderdorf *Merligen* (S. 114) aus. Auf ebenem, schönem Weg zur Kirche, 1937 erbaut, und zu Schiffländte oder Busstation.

▸ Nicht nur gleissende Gipfel vermögen den Wanderer zu entzücken. Seelandschaften weisen auch eine überaus vielfältige Fauna auf.

32 Thun–Heiligenschwendi–Blueme

Durch die eindrückliche Cholerenschlucht über die sanften Hänge von Heiligenschwendi ins waldreiche Gebiet des Blueme.

Route	Höhe in m	Hinweg	Rückweg
Thun	560	–	2 Std. 25 Min.
Hünibach	560	30 Min.	1 Std. 55 Min.
Hünibach/altes Schulhaus	593	40 Min.	1 Std. 50 Min.
Cholerenschlucht	660	50 Min.	1 Std. 40 Min.
Heiligenschwendi/ Dörfli	941	1 Std. 40 Min.	1 Std. 10 Min.
Schwendi	1102	2 Std. 05 Min.	45 Min.
Wolfgruebe	1241	2 Std. 40 Min.	25 Min.
Blueme	1391	3 Std. 10 Min.	–

Von Bahnhof *Thun* (S. 117) weg verläuft der Weg Aare-aufwärts zur Bächimatt, dann weiter dem Ufer entlang zur Ländte *Hünibach,* von da rechtwinklig nach links auf die Hauptstrasse zum Tea-Room Chartreuse. Im Dorf Hünibach (S. 113) überschreitet er die Brücke nach rechts, biegt gleich nachher neben dem *Schulhaus* links ab und tritt in die Kühle der bewaldeten *Cholerenschlucht* ein. Kirchturmhoch ragen beidseitig senkrechte Nagelfluhfelsen empor. Oberhalb der Schlucht betritt man die Strasse nach Heilgenschwendi, folgt ihr bis zur Säge, wo das hölzerne Wasserrad auch ausgedient hat, und steigt dem Waldrand entlang durch die Abkürzung hinauf, zuletzt auf dem alten Weg ins *Dörfli.* Bei der Käserei befindet sich eine Orientierungstafel. Durch die Strasse aufwärts bis zur Kreuzung Bim Schuelhus. 150 m durch die Strasse rechts und dort in den Wald zur Hubelweid. Dort quert man die Strasse und steigt neben der grossen Tanne rechts hinauf, um nach wenigen Metern oberhalb *Schwendi* dem Waldrand des Winterbergs nach rechts auf gutem Weg zum mächtigen Ahorn beim Bunker, Gründerahorn genannt, zu gelangen. An dieser Stelle haben seinerzeit weitsichtige

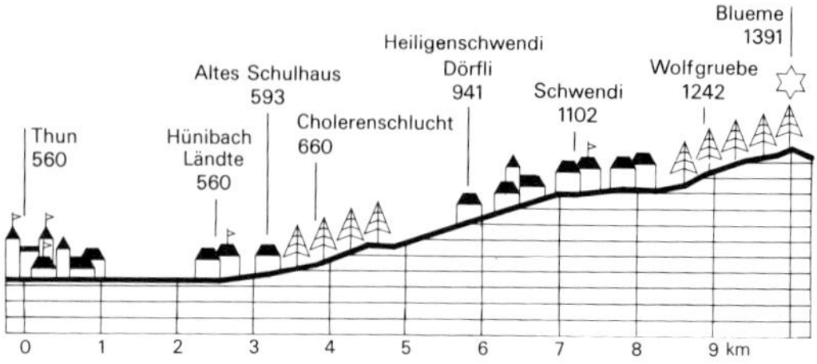

Männer den bedeutungsvollen Entschluss gefasst, hier in der hilben Mulde und vom Walde geschützt die Höhenklinik *Heiligenschwendi* (S. 112) zu gründen. Aus Dankbarkeit wurde einige Meter seitwärts eine Anlage mit einem Denkmal errichtet. Eine kurze Abzweigung führt vom Ahorn auf die aussichtsreiche Höhe des Winterberges.
Weiter geht es durch den Hochwald, auf dem Forststrässchen bei der sogenannten *Wolfgruebe* vorbei und zum Aussichtsturm auf dem *Blueme*. Der eigentümliche Name Blueme weist auf eine saftige, blumenreiche Grasdecke hin.

33 Thun–Rabenflue–Goldiwil

Abwechslungsreiche Wanderung zum Aussichtspunkt Rabenflue und nach dem sonnigen Goldiwil.

Route	Höhe in m	Hinweg	Rückweg
Thun 🚆 🚌 ⛴	560	–	1 Std. 30 Min.
Jakobshübeli	637	25 Min.	1 Std. 10 Min.
Wartboden	712	40 Min.	1 Std.
Rabenflue	863	1 Std. 10 Min.	40 Min.
Geissital	853	1 Std. 20 Min.	20 Min.
Goldiwil/Kirche 🚌	960	1 Std. 45 Min.	–

Vom Bahnhof *Thun* (S. 117) gelangt man über die Aarebrücke ins Bälliz. Von hier der Aare entlang bis zur Ecke des Thunerhofes, dann zur Hauptstrasse hinauf, diese queren und über den Göttibach. Der Weg erreicht zwischen dem Hotel Bellevue und einer neuen Wohnsiedlung den Waldrand, biegt zur englischen Kirche um und tritt in den Wald ein. Vor dem Walde erkennt man noch die idyllische Schulhausanlage von Göttibach. Nach kurzem Wandern erreicht man das *Jakobshübeli,* das jahrzehntelang das gesuchteste Wanderziel des Aaretals war. Auch heute noch vermag dieser Ort mit seinem Alpenzeiger viele Wanderer anzuziehen. Der bequeme Weg führt

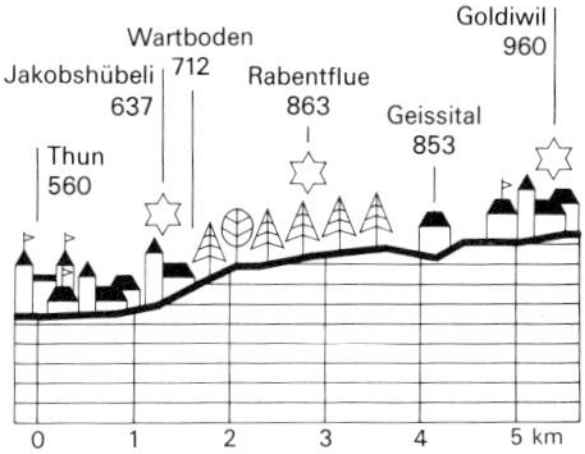

dem Rande des bewaldeten Steilhanges folgend zum *Wartboden* hinauf. Nach Überschreiten der Goldiwilstrasse gelangt man allmählich steigend durch den prächtigen Grüsisbergwald, erfreut sich am niedlichen Brünnlein am Wege und erreicht an luftigen Ausblicken vorbei den gesicherten Ausguck auf der *Rabenflue.*
Am Kreuzweg beim soliden Blockhaus wenden wir uns nach Norden und erreichen, an mächtigen, schlanken Tannen vorbei, das stille *Geissital.* Beim zweiten Haus steigen wir rechtwinklig nach links zum Wald hinauf, den wir durchqueren. Nach wenigen Minuten gelangt man zum Hotel Jungfrau. Der Strasse folgend, erreichen wir den Mittelpunkt des langgezogenen Dorfes *Goldiwil:* die schmucke Kirche. Viele markierte Spazierwege tragen dazu bei, die reizvolle Landschaft stets von neuen Seiten kennenzulernen.

◀ «Das Wandern bringt der Dinge drei: Erfahrung, Freude und Arznei!» prophezeit ein alter Wanderspruch. Ob sich der Wanderer an der Natur erfreut, an der Formenvielfalt der Gräser ...

▶ ... oder ob er sich für geschlichtliche Zusammenhänge interessiert, immer wird er bereichert von der Wanderung zurückkehren.
Das Schloss Thun und die Anlage eines Teils der Altstadt sind Zeugen der Städtebaukunst Berchtolds V. von Zähringen.

34 Thun–Geistsee–Wattenwil

Wanderung durch hügelige Moränenlandschaft aus dem Aaretal zur Gürbe.

Route	Höhe in m	Hinweg	Rückweg
Thun/Lerchenfeld 🚌	561	–	2 Std.
Willenrüti	605	30 Min.	1 Std. 30 Min.
Hurschgasse	629	50 Min.	1 Std. 10 Min.
Geistsee	660	1 Std. 20 Min.	45 Min.
Forst/Allmid 🚌	661	1 Std. 30 Min.	35 Min.
Längmoos/Gürbebrücke	621	1 Std. 40 Min.	20 Min.
Wattenwil 🚌	596	2 Std.	–

Wer beim Bahnhof *Thun* (S. 117) beginnen will, folgt der Aarestrasse bis zum Löwenplatz, benutzt von da an die fast schnurgerade Allmendstrasse und benötigt zusätzlich 45 Min.
Bei der Strassengabel im Zollhaus nach rechts durch den schmalen Waldsaum des Kandergriens. Gleich nachher nach links durch die Brüggmatte, über die ehemalige Kanderebene, an deren Rand über den stillen Glütschbach und hangaufwärts nach der Häusergruppe von *Willenrüti.*
Etwas nördlich von Willenrüti liegt die aufstrebende Ortschaft Uetendorf am Rande der grossen Ebene.
Wir setzen den Weg fort über Hölzli, Gibliz nach *Hurschgasse.* Wir kreuzen den über den Moränenwall verlaufenden Weg und durchqueren eine schwarzerdige Mulde, wie sie hier häufig vorkommen und sich für ausgiebigen Gemüsebau besonders gut eignen.
Auf der nächsten Strasse 100 m nach links und vor dem Haus rechts vorbei bis ans Ende des Gebüsches auf der kleinen Kuppe, dann nochmals nach links direkt gegen die Einbuchtung im Lengenbüelwald. Zuerst etwas rechts ausholen und leicht aufwärts zur Höhe. Durch Hochwald mit viel Jungholz geradeaus weiter. Beim *Geistsee* treten wir ins Freie. Kein Zutritt (Privatbesitz).
Bei der nächsten Abzweigung links nach *Allmid.* Eindrücklicher Blick auf die ganze Stockhornkette. Breit und schwer wirkt hier vor allem das Stockhorn.

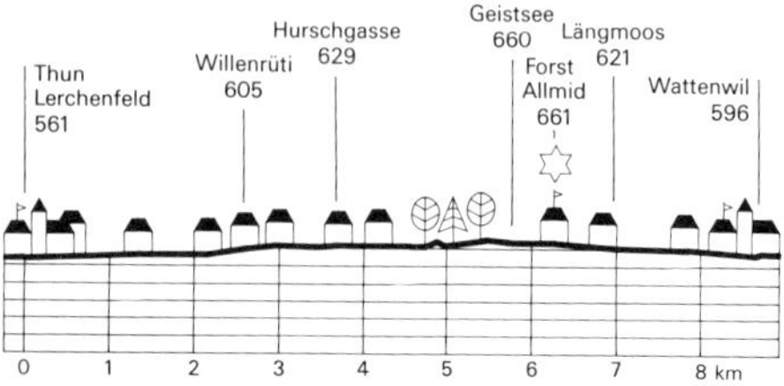

Hinter der Wirtschaft Tell erreicht man in 20 Min. leicht ansteigend den schönsten Aussichtspunkt der Gegend, den Riedhubel. Nun die Hauptstrasse überqueren, dann leicht abwärts ins *Längmoos* und zur Gürbe, die hier harmlos über viele Steine dahinfliesst. Auf ihrem linken Ufer hinunter nach *Wattenwil* oder hinauf zur Hauptstrasse und links nach Blumenstein (S. 110).

35 Thun–Uebeschi–Blumenstein

Leichte Wanderung von Thun durch das hügelige Westamt.

Route	Höhe in m	Hinweg	Rückweg
Thun/Lerchenfeld 🚌	561	–	2 Std. 10 Min.
Zollhaus	561	05 Min.	2 Std.
Thierachern	568	35 Min.	1 Std. 30 Min.
Wahlen	625	50 Min.	1 Std. 20 Min.
Uebeschi	685	1 Std. 40 Min.	40 Min.
Blumenstein 🚌	659	2 Std. 10 Min.	–

Wer von *Thun* (S. 117) aus zu Fuss oder mit dem Bus dem Lerchenfeld zustrebt, erkennt leicht die Allmend, das Ergebnis jahrhundertelanger Ablagerung der alten Kander. Militärische Bauten, Fahrzeuge und übende Soldatengruppen weisen auf den bedeutenden Waffenplatz hin. Das *Lerchenfeld* als junge Ortschaft besitzt erst seit kurzem eine Kirche. Durch den Wald Unteres Kandergrien floss bis 1713 die Kander in die Aare, diese oft verstopfend und in Thun zu Hochwasser führend. An dieser äussern Grenze von Thun wurde während Jahrhunderten der Zoll eingezogen. Aus diesen Tatsachen erklärt sich auch der Name *Zollhaus* und das hohe Alter der heutigen Wirtschaft: über 400 Jahre!
Die Autobahn überqueren. Nach links 700 m der Hauptstrasse folgen, dann rechts abzweigen und auf einem guten Weg zu den Häusern von Schwand. Das erste Strässchen geradeaus queren und vom nächsten Wegweiser an

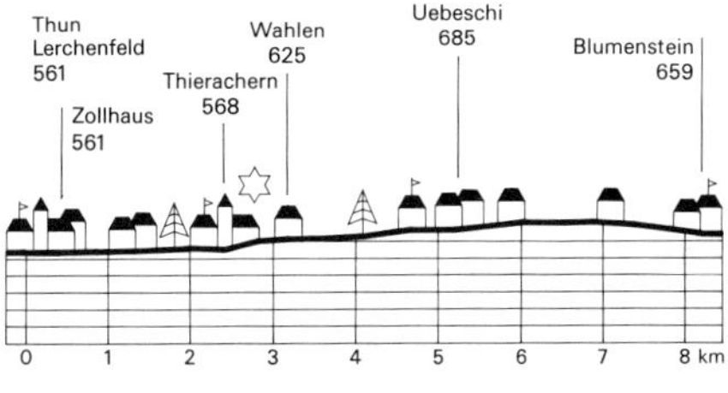

Am Amsoldingersee mit Blick aufs Stockhorn (Route 36).

auf der nur dem Zubringerdienst geöffneten Strasse nach *Thierachern.* Dabei rechts an dem zum Teil bewaldeten, mitten aus der Ebene aufsteigenden Moränenhügel Giebel vorbei. Beim «Bären» auf die Hauptstrasse, dieser folgen bis zur Kirche, die schon 1228 erwähnt ist. Im Aufstieg zur Egg weiter Ausblick auf die Allmend gegen Thun.

Am Viehausstellungsplatz vorbei gegen die Käserei, oberhalb bei den Häusern von Kehr nach links auf gutem Feldweg über den Höhenzug nach *Wahlen,* dort die Hauptstrasse rechtwinklig queren, ebenso das heute entwässerte Chumelmoos und hinauf an den Südrand des gleichnamigen Wäldchens.

Von hier aus in gerader Richtung weiter zur Häusergruppe Subelmoos, dann schräg links zur Weggabel. Dort nach links zum bekannten Gasthaus *Weiersbüel* und ins Dorf *Uebeschi.* Wenn nicht geschossen wird, kann man von der erwähnten Weggabel auf einer Abkürzung direkt nach Uebeschi gelangen. Von der Käserei auf der Hauptstrasse zum Schulhaus, dort rechts vor-

bei, bei der nächsten Strassengabel links hinauf und in gleichbleibender Richtung über die welligen Höhen nach Blumenstein.
Wir stehen mitten in einer ausgedehnten Moränenlandschaft, die sich vom Zwieselberg bis an den Belpberg hinzieht. Überall liegen in den Wäldern rundlich Steine aller Grössen. Bei näherer Betrachtung erkennt man sie als Granite und Gneise, wie sie im Gebirge des Oberlandes heimisch sind. Manche von ihnen stehen heute als Findlinge unter Naturschutz (z. B. im Strättligwald). Zwischen den vielen länglichen Hügelzügen liegen die heute meist entsumpften, schwarzerdigen Torfmoore, die sich zum Gemüseanbau vorzüglich eignen. Die ganze Landschaft ist nach jahrzehntelanger Bearbeitung eine der schönsten und fruchtbarsten des Bernerlandes.
Nach leichtem Abstieg bei Schoubhus biegen wir rechts zum Tannenbüel ab und dort bei der Linde wieder nach links hinunter nach *Blumenstein* (S. 110).

36 Seftigen–Amsoldingen–Reutigen

Abwechslungsreiche Wanderung durch die fruchtbare Moränenlandschaft an lieblichen Seelein vorbei.

Route	Höhe in m	Hinweg	Rückweg
Seftigen 🚆	578	–	3 Std. 30 Min.
Ober Gurzelen	635	20 Min.	3 Std. 10 Min.
Bim Wald (Dittligsee)	666	1 Std.	2 Std. 40 Min.
Kärselen 🚌	677	1 Std. 15 Min.	2 Std. 25 Min.
Bächi/Weiersbüel	676	1 Std. 30 Min.	2 Std. 10 Min.
Amsoldingen 🚌	643	2 Std. 10 Min.	1 Std. 30 Min.
Zwieselberg	652	3 Std. 10 Min.	30 Min.
Reutigen 🚌	622	3 Std. 30 Min.	–

Von der Station *Seftigen* (S. 116) etwas abwärts und beim ersten Übergang über das Geleise der Gürbetalbahn, dann bei der Weggabel auf angeneh-

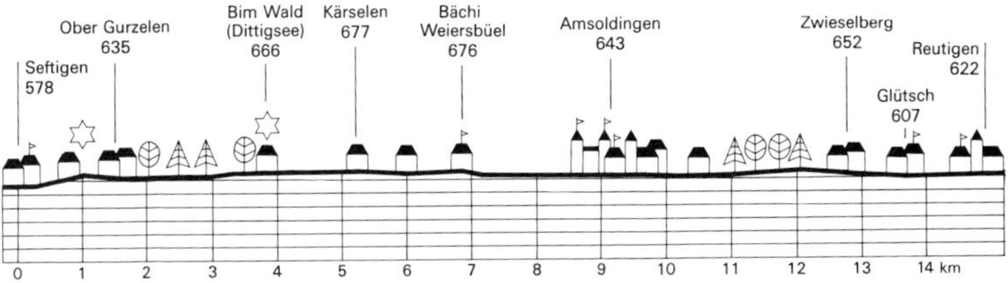

mem Feldweg geradeaus über Buechholz–Talacher nach *Ober Gurzelen* aufsteigen. Ungehinderte Aussicht! Der Ortsname weist auf die Herrschaft der Römer in unserem Lande hin; denn das Wort «curcélles» heisst soviel wie «kleine Höfe». Wir wenden uns nach Süden, durch eine angenehme Mulde dem stillen Walde entlang. Vom nächsten Wegweiser aus erkennen wir am Waldrand, halb versteckt hinter Gebüsch und Schilf, den heimeligen Geistsee. Nun links durch den schlanken Hochwald und bei der Häusergruppe *Bim Wald* wieder ins Freie. Einige Meter weiter durch den weichen Feldweg rechts über die Kuppe, von der aus nun der malerische *Dittligsee* am schönsten zu sehen ist. In Hattigen die Strasse überschreiten, an moosigen Feldern vorbei nach *Kärselen* und zu einem Gehölz, wie sie hier häufig auf den steinigen Moränenbuckeln anzutreffen sind. Die Wegverhältnisse sind etwas verwirrlich. Rechts am Wäldchen vorbei gelangen wir auf kürzestem Wege nach Uebeschi. Gehen wir links am Gehölz vorbei, gelangen wir am Rande des ehemaligen Subelmooses auf Route 35 und mit ihr direkt zu der abseits des Dorfes Uebeschi liegenden bekannten Wirtschaft *Weiersbüel.* Hier zweigt ein guter Weg rechtwinklig nach rechts ab und führt wieder hinüber und hinauf nach Uebeschi.
Geradeaus immer auf der Moräne bleibend, wandern wir am schilfumsäumten Uebeschisee vorbei. Gleiche Verhältnisse treffen wir auch am viel grösseren See von *Amsoldingen.* Hier verdient die schöne Kirche unsern Besuch (S. 109).
Wir folgen der Strasse zur Säge und dort nach rechts an der Käserei und den Höfen von Delimoos und Tannacher vorbei zum Bodenwald. Sobald wir die Höhe von *Zwieselberg* erreichen, erkennen wir links vorn aus dem Walde herausragend den trutzigen Strättligturm und zu Füssen die breite, früher von der Kander durchflossene Ebene. Nach *Glütsch* mit währschaftem Hof und Gasthaus absteigen. Dann zuerst auf der Strasse und nachher auf Feldwegen über die Allmi ins Dorf *Reutigen* (S. 115).

Nebenroute
Seftigen–Gurzelen–Geist–Längenbüelwald 50 Min.

▸ **Die stattlichen Heimwesen am Wanderweg werden nicht selten von «vierbeinigen Wächtern» beschützt. Besonders grosser Beliebtheit erfreut sich der langhaarige Berner Sennenhund.**

37 Burgistein–Wattenwil–Höfen–Reutigen

Angenehme Wanderung längs der Gürbe, über Höfen und durch das Stockental zur Kander.

Route	Höhe in m	Hinweg	Rückweg
Burgistein	567	–	4 Std.
Wattenwil	593	40 Min.	3 Std. 20 Min.
Blumenstein	659	1 Std. 30 Min.	2 Std. 30 Min.
Pohlern	697	2 Std. 10 Min.	1 Std. 50 Min.
Höfen	697	2 Std. 30 Min.	1 Std. 30 Min.
Niederstocken	650	3 Std.	1 Std.
Reutigen	622	4 Std.	–

Von der Station *Burgistein* auf der Hauptstrasse 150 m Richtung Wattenwil, dann auf dem Weg nach rechts über die Gürbe und dieser entlang zur grossen Brücke bei *Wattenwil.* Das Dorf samt Kirche, Spital und Sekundarschule liegt zur Hauptsache auf der leicht nach Osten geneigten Ebene, der älteste Teil möglichst weit seitab der früher häufig überchwemmenden Gürbe.
Der Weg verläuft weiterhin dem Ufer entlang bis zur *Längmoosbrücke,* wo er die Alpenrandroute Thun–Gurnigel–Schwarzsee kreuzt. Auf dem andern Ufer dem Fallbach entlang zum Bad und Dorf *Blumenstein* (S. 110). Vom Dorfplatz rund 250 m auf der Stockentalstrasse bis zur grossen Kreuzung, dort links zur Mühle (geschützte Bäume) und dem Fridgraben entlang (einfrieden, Burgfried), der die Grenze zwischen den Gemeinden Pohlern und Uebeschi bildet, bis *Pohlern.* Ein Abstecher von 5 Min. zur Hauptstrasse hinauf empfiehlt sich sehr, ist doch dort das prächtige Bauernhaus Werren aus dem Jahre 1750 mit Hilfe des Heimatschutzes vollständig erneuert worden, ebenso 5 Min. weiter südlich das Gasthaus Rohrmoos.
Der Weg führt dann am Einzelhof Burgbüel vorbei zur nördlichen Ecke des nächsten Wäldchens, dann dieses leicht aufwärts durchschreitend und wie-

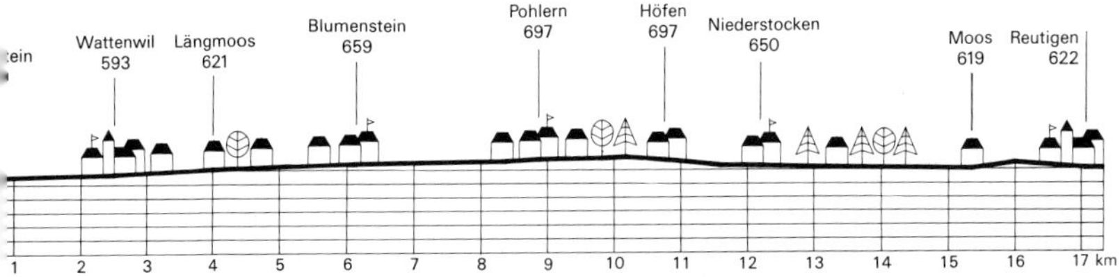

Auch abseits der Thunersee-Gestade finden sich sehenswerte Kostbarkeiten, wie die Kirche von Amsoldingen (Route 36).

der am linken Waldrand beim Scheibenstand vorbei direkt nach *Höfen.* Bei Schiessbetrieb nach links umgehen bis zum Schützenhaus und so nach Höfen. Der Gemeindename ist sehr zutreffend. Die ganze Moränenhügel-Landschaft ist mit gepflegten Einzelhöfen besetzt. Sanft absteigend wenden wir uns *Niederstocken* zu, zweigen bei der Wirtschaft nach links ab, um nach 10 Min. nach rechts durch einen Feldweg einem Hügel entlang gegen die Säge zu wandern. Am Rand des Schutzgebietes Seeliswald zuerst nach links und dann wieder rechts geradeaus.

Das Hochmoorgebiet des Seeliswaldes ist botanisch äusserst reichhaltig. Anschliessend auf dem Weg durch das *Moos,* an der Mühle vorbei zum Hof Moos, die Strasse überschreiten und oberhalb derselben durch den Feldweg ins Dorf *Reutigen* (S. 115).

Nebenrouten

a) Blumenstein–Eschli–Boden–Pt. 742–Schützenhaus–Allmit–Hof/Pohlern 1 Std. 10 Min.
b) Rundweg Blumenstein/Zentrum–Bad–Allmit–Gasse–Wäsemli–Kirche Blumenstein–Eschli–Blumenstein/Zentrum 1 Std. 15 Min.

38 Blumenstein–Langenegg–Gurnigel/Berghaus

Bergweg. Lohnende leichte Wanderung im Voralpengebiet.

Route	Höhe in m	Hinweg	Rückweg
Blumenstein 🚌	659	–	3 Std.
Blumenstein/Kirche	783	30 Min.	2 Std. 40 Min.
Breitenboden	1019	1 Std. 15 Min.	2 Std. 15 Min.
Weidli	1119	1 Std. 45 Min.	1 Std. 55 Min.
Langenegg	1215	2 Std.	1 Std. 45 Min.
Oberwirtneren	1520	3 Std.	1 Std.
Wasserscheide	1589	3 Std. 50 Min.	25 Min.
Gurnigel/Berghaus 🚌	1594	4 Std. 10 Min.	–

Der Wanderweg führt von *Blumenstein* (S. 110) über Wäsemli zum flachen Schuttkegel des Fallbaches, auf welchem zuoberst die *Kirche* und das Pfarrhaus stehen.
Links am Friedhof vorbei dem breiten Alpweg folgen bis zur mächtigen Sennhütte von *Breitenboden.* Rund 200 m oberhalb der Hütte bei der Weggabel links und schräg den freien Hang hinauf, dann eine kurze Strecke

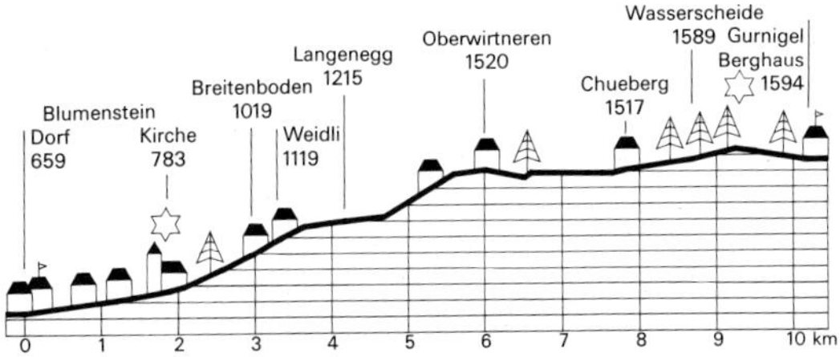

durch den kräftigen Bergwald zur kleinen Hütte *Weidli.* Scharf biegt der Weg nun nach Westen um, zieht sich mit geringer Steigung in ziemlich gerader Richtung dem Abhang des Langenegg-Grates entlang zu den schon in alten Schriften erwähnten Alpen der *Langenegg.* Wir lassen die Hütten links liegen, gelangen aufwärts zu einem einzelnen grossen Stall, Kohlboden genannt, treten dahinter durch einen schmalen Waldstreifen und steigen dann auf vorerst nicht besonders ausgeprägtem Zickzackweg von der untern in die obere Weide. Rechts an der Sennhütte vorbei, durch ein Zauntor auf die Höhe. Besondere Erwähnung verdient die gegenüberliegende Alp von Blattenheid. In dem ausgedehnten früheren Bergsturzgebiet sammeln sich unterirdisch alle Wasser und treten dann als ergiebige und zuverlässige Quellen im untern Teil der Alp wieder zutage. Sie bilden die Grundlage der 1917 gegründeten Wasserversorgung «Blattenheidgenossenschaft», die den grössten Teil des Amtes Thun westlich der Aare von Seftigen bis Amsoldingen und sogar die Dörfer Brenzikofen, Herbligen, Kiesen und Oppligen östlich der Aare mit Wasser versieht. Nach Norden und Nordwesten öffnet sich der Blick in die unermesslichen Wälder des Gurnigel und Selibühl. In nächster Nähe steht mitten in den saftigen Matten die gastliche Hütte von *Oberwirtneren.*
An der Hütte vorbei leicht fallend und steigend unter der Tschingelflue (Pt. 1668) durch über ein Bächlein, das als junge Gürbe bezeichnet werden kann. Nach 10 Min. gelangt man zu der behäbigen Hütte *Chueberg,* die als Skihütte dient. Nun in leichter Wanderung zur *Wasserscheide.*
Von hier an kann nun der Wanderweg links der Strasse durch den Wald und über die Weide oberhalb der Stierenhütte zum *Gurnigel/Berghaus* benützt werden. Postautohaltestelle.

Nebenroute

a) Blumenstein/Post–Allmiteggen–Unterwald–Bluemisteinwald–Unter Schwand–Weidli 1 Std. 45 Min.
b) Unterwald Pt. 1018–Hasenegg–Unter Bärgli–Ober Bärgli–Oberwirtneren 1 Std. 40 Min.

◂ Im Stockhorn-Gebiet wird die Vegetation bereits alpin. Im Geröll und in Felsspalten ist der fast polsterartig dichte Wuchs des Roten Steinbrech (Saxifraga oppositifolia) zu sehen.

39 Blumenstein–Walalp–Stockhorn

Bergweg. Lohnender Aufstieg zur aussichtsreichen Stockhornkette.

Route	Höhe in m	Hinweg	Rückweg
Blumenstein 🚌	659	–	3 Std. 45 Min.
Blumenstein/Kirche	783	30 Min.	3 Std. 20 Min.
Alpetlichehr	1137	1 Std. 45 Min.	2 Std. 30 Min.
Walalpgrat	1809	4 Std.	1 Std. 15 Min.
Oberi Walalp	1714	4 Std. 15 Min.	1 Std.
Baachegg	1804	4 Std. 30 Min.	50 Min.
Strüssligrat	2040	5 Std. 15 Min.	15 Min.
Stockhorn 🚡	2190	5 Std. 45 Min.	–

Von *Blumenstein* (S. 110) über Wäsemli zur *Kirche.* Oberhalb davon links über den Fallbach und durch den Saumweg zur Unteren Spittelweid. Über Obere Spittelweid zieht sich nun der Weg hinauf durch den steilen Bergwald zum *Alpetlichehr.*

Wir steigen weiter, vorerst zum Alpetli Pt. 1226, dann in zahlreichen Kehren nach *Chrümmelwägen* und auf den bekannten *Walalpgrat.* In leichtem Abstieg zur *Ober Walalp* (nach Bättelwägli–Wandels–Oberstockensee–Hinterstocken–Chrindi/Station 🚡, Bergweg, 1 Std. 10 Min.) und wieder ansteigend in den deutlichen Sattel *Baachegg* Pt. 1804 zwischen Walalpgrat und Stockhorn. Wer Lust hat, kann in ungefähr gleicher Zeit vom Walalpgrat Pt. 1809 über die ganze Grathöhe zum vorgenannten Sattel wandern. Wunderbarer Bergblumenteppich.

Vom Sattel an über leichtes Geröll und felsige Stufen direkt gegen die Wand des Stockhorns. Weiter oben nach rechts und nahe der senkrechten Felsen auf die Schulter des Horns. Luftiger Tiefblick. Unvermittelt vor uns: das untere Simmental mit der scharf modellierten Niesenkette. Durch trockenes Weideland leicht ansteigend über den sonnigen Südhang.

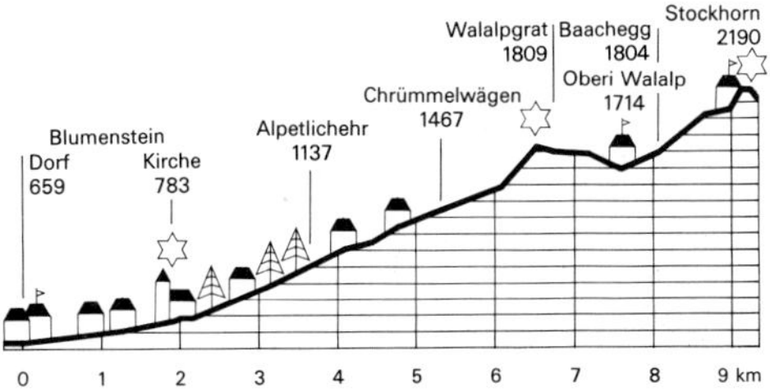

zum *Stockhorn,* wo sich das Bergwirtshaus zuoberst eng an den felsigen Kopf anlehnt. Wer an einem sonnigen Tage das Mittelland, den Jura, den ganzen Kranz der Oberländer Bergriesen mit dem lieblichen Thunersee zu Füssen und die Walliser Eisberge gesehen hat, wird die Stockhornbesteigung nie vergessen.

Abstiege vom Stockhorn (Bergwege)

a) Stockhorn–Steinig Nacki–Matten–Reutigen 🚌 3 Std. 45 Min.
b) Stockhorn–Oberstocken–Vorderstocken–Hausallmend–Erlenbach 🚆 2 Std. 30 Min.
c) Stockhorn–Oberstockensee–Untere Walalp–Därstetten 🚆 3 Std. 30 Min.
d) Stockhorn–Baachegg–Oberbaach–Oberstocken 🚌 3 Std.

40 Oberstocken–Baachegg–Stockhorn

Bergweg. Kürzester Aufstieg zum aussichtsreichen Stockhorn.

Route	Höhe in m	Hinweg	Rückweg
Oberstocken 🚌	691	–	3 Std.
Schwand/Bergwald	957	50 Min.	2 Std. 20 Min.
Nesselboden	1300	1 Std. 30 Min.	1 Std. 45 Min.
Ober Baach	1722	3 Std.	1 Std.
Baachegg	1804	3 Std. 15 Min.	50 Min.
Stockhorn 🚡	2190	4 Std. 30 Min.	–

Dort wo die Strasse von Amsoldingen–Höfen mit der Stockentalstrasse in *Oberstocken* zusammentrifft, zweigt südwärts der Weg zum Stockhorn ab. Er steigt vorerst leicht über offene Felder gegen den Wald an, den er in einer Doppelschleife in einem langen Schräganstieg durchzieht, um dann zuoberst in einer steilen Waldmatte am Rande des tiefeingeschnittenen Feissibaches wieder ins Freie zu treten.

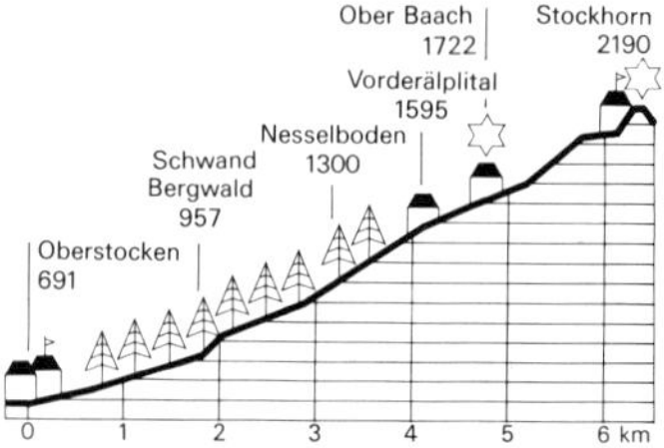

Gegen Süden bietet das Stockhorn eine prächtige Sicht. Im Vordergrund der Niesen, dahinter die Hochalpen (Routen 39–41).

Wer Niederstocken als Ausgangspunkt wählt, wendet sich von der Wirtschaft zur Käserei neben dem Bach, rechts am Schiessstand und am Wald vorbei bis zum ersten Haus. Nun nach links durch den Buchenwald längs des Feissibaches an den Fuss des muntern Wasserfalles. Steil geht es nun, abwechslungsweise am Waldrand oder im Wald aufwärts.

Im *Schwand* treffen beide Routen zusammen. Schöner Ausblick nach Norden. Bald nachher weit nach rechts ausholend und durch den steilen Bergwald hinauf bis zur Weggabel, beim *Nesselboden* genannt. Zwei Wege führen von da an zur prächtig gelegenen Alp Ober Baach. Sie sind aber so verschieden, dass der Wanderer sich entscheiden muss, ob er den steileren Aufstieg durch den schattigen Bergwald über *Vorderälpital* oder den etwas längeren über Unter Baach über Weide und an waldlosen Geröllhalden vorbei wählen will. Baach ist nicht etwa gleichbedeutend mit Bach, sondern hat den Sinn von Tablar, untere und obere Alpstufe.

Auf der Höhe von *Ober Baach* bietet sich uns ein Ausblick von unvergleichlicher Schönheit und Vielfalt. Oberhalb der Hütte erhebt sich der breite Rundbuckel des Walalpgrates, in dessen oberster Grabenmulde bis weit in den Sommer hinein ein grosser Flecken Schnee ins Tal hinunter leuchtet, der «Jakobsblätz». Schon die Vorfahren mögen beobachtet haben, dass der letzte Rest jeweils um den 25. Juli verschwindet, am Jakobstag. In weitem Bogen gelangen wir von der Hütte zur *Baachegg* bei Pt. 1804 und damit auf die Route Blumenstein–*Stockhorn,* das wir über Treppenstufen steil ansteigend in etwas mehr als einer Stunde erreichen.

41 Reutigen–Matten–Stockhorn

Bergweg. Abwechselnd flacher und steiler Aufstieg zum Stockhorn.

Route	Höhe in m	Hinweg	Rückweg
Reutigen 🚌	622	–	3 Std. 45 Min.
Lengenberg	1272	2 Std.	2 Std. 30 Min.
Matten	1563	3 Std.	1 Std. 50 Min.
Steinig Nacki	1613	3 Std. 15 Min.	1 Std. 40 Min.
Furggi	1955	4 Std. 15 Min.	50 Min.
Chummli	1852	4 Std. 30 Min.	35 Min.
Stockhorn 🚡	2190	5 Std. 30 Min.	–

In *Reutigen* (S. 115) zweigt der Weg auf dem Dorfplatz nach links ab, bei der nächsten Abzweigung nach rechts, zieht sich dann quer durch die Felder hinauf und über die beiden Gräben des Plachti- und Kratzhaldenbaches. Er führt nun dem letzten Graben entlang aufwärts, wechselt später auf die andere Seite, quert einen weitern Graben und steigt in steilem Zickzack durch den Wald hinauf und durch den mit Felsblöcken reich besetzten *Lengenberg* zur weithin sichtbaren Sennhütte bei *Matten* (nach Spittel Nacki–Allmenden–Erlenbach 🚆 Bergweg, 1 Std. 50 Min.). Fast eben wandern wir nun im Halbkreis um den Mattenstand herum nach dem *Steinig Nacki* und gelangen durch das geröllsichere Felsental auf 1900 m in einen Sattel, *Furggi* genannt, der uns freie Sicht auf den dunklen Hinterstockensee gestattet.

Rechts oben der sehr lohnende Aussichtspunkt Lasenberg. Links unten die Hütten von Oberbärgli (nach Hinterstockensee–Chrindi 🚡 Chlusi–Erlenbach 🚆 Bergweg, 2 Std. 20 Min.). Weiter vorn rechts die zwischen kahlen Felsen eingebettete Weide *Chummli.* Die aus dem Romanischen stammende Bezeichnung ist in den Alpen häufig anzutreffen und bedeutet Mulde. Diese zuoberst dem Felsgrat entlang durchschreiten, beim Schattstall auf das Stockenfeld und nach kurzer Zeit hinauf zum Berggasthaus. Von hier auf den Gipfel des *Stockhorns.*

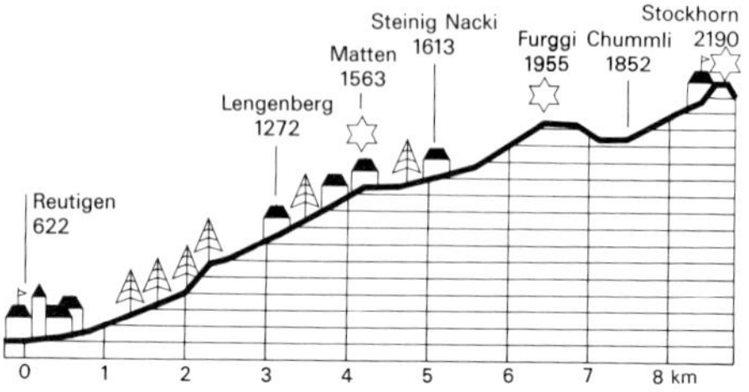

42 Allmendingen–Zwieselberg–Reutigen

Angenehme Wanderung durch das heimelige Glütschbachtal und über den Ausläufer des Zwieselberges.

Route	Höhe in m	Hinweg	Rückweg
Allmendingen 🚌	574	–	1 Std. 45 Min.
Guntelsei	589	40 Min.	1 Std. 05 Min.
Alti Schlyffi	597	1 Std. 05 Min.	40 Min.
Zwieselberg/Egg	640	1 Std. 20 Min.	25 Min.
Glütsch	607	1 Std. 25 Min.	20 Min.
Reutigen 🚌	622	1 Std. 45 Min.	–

Die Wanderung beginnt bei der Bus-Endstation *Allmendingen* neben der Wirtschaft Linde, verläuft von da an dem linken Rand der Ebene folgend am Zivilschutzzentrum vorbei, um in der Nähe der schroffen Wasserflue den stillen Glütschbach zu überschreiten. Er vereinigt in sich den Feissi- und den Linditalbach der Gemeinde Niederstocken und erhält seinen Namen erst im Reutigmoos. Bis zum Durchstich von 1713 Zufluss der Kander, seither selbständiges Bächlein bis Uttigen. Wasserüberschuss noch heute direkt in die Kander, nahe der Säge Im Hani. Nach Queren der Strasse über den neuen Forstweg an der vielbesuchten Tropfsteinhöhle vorbei und wenig später bei der Abzweigung zur weltbekannten Schiessanlage *Guntelsei* mit Wirtschaftsbetrieb (nach Kreuzweg Pt. 604–Gwatt 🚆 25 Min.). *Alti Schlyffi* erinnert daran, dass dort früher Wasserkraft den Schleifstein drehte (nach Gwattegg–Gwatt 🚆 25 Min.). Der Weg verläuft über die Ebene und dann über die aussichtsreiche Egg der Gemeinde *Zwieselberg* hinab nach *Glütsch* mit währschaftem Hof und Gasthaus. Unterwegs erkennen wir den aus dem Walde herausragenden trutzigen Strättligturm und die früher von der Kander durchflossene Ebene. Dann zuerst auf der Strasse und nachher auf Feldwegen über die Allmi ins Dorf *Reutigen* (S. 115.).

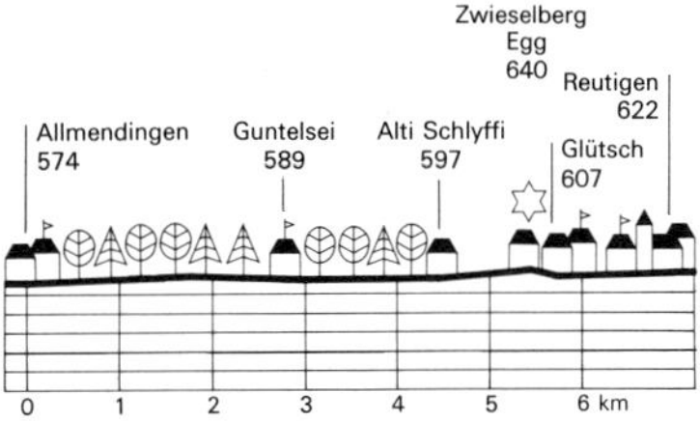

43 Allmendingen–Gwattegg–Spiez

Abwechslungsreiche, leichte Wanderung durch den Burgerwald zum Strättligturm und über den Höhenweg bei Einigen.

Route	Höhe in m	Hinweg	Rückweg
Allmendingen 🚌	574	–	2 Std. 30 Min.
Bärenholz/Forsthaus	610	30 Min.	2 Std.
Gwattegg	636	1 Std.	1 Std. 35 Min.
Strättlighügel/Turm	655	1 Std. 10 Min.	1 Std. 25 Min.
Strättligsteg	580	1 Std. 20 Min.	1 Std. 15 Min.
Riederen	645	1 Std. 40 Min.	50 Min.
Spiezmoos Süd 🚆	626	2 Std.	25 Min.
Spiez/Bahnhof 🚆	628	2 Std. 30 Min.	–

Von der Bus-Endstation *Allmendingen* durch die Wilergasse gegen den Lindenhubel ansteigen, wo sich ein erster ausgezeichneter Rundblick über die Ebene von Thun darbietet, links die ausgedehnte Allmend, rechts die Stadt Thun mit den sich nach Süden ins Gebiet der ehemaligen Gemeinde Strättligen ausdehnenden Quartieren. 1920 war die Eingemeindung erfolgt. Im Mittelgrund erheben sich Kirche und Schloss als Wahrzeichen der Gegend von Thun.

Am Wege Holzhaus mit sinnvollem Spruch. Beim Bauernhaus Wiler nach rechts in den Burgerwald, wo sich prächtige Findlinge befinden – hier beginnt ein interessanter Waldlehrpfad – dann am *Forsthaus* mit Brunnen vorbei (nach Glütschbachtal–Tropfsteinhöhle 20 Min., nach Buechholz–Neufeld 🚌 15 Min.), über die lärmige Autobahn. Rechts unten die vielseitige Schiessanlage mit Wirtschaft in der Guntelsei, ein Gemeinschaftswerk der Vereinigten Schützengesellschaften von Thun und der Armee. Vom Kreuzweg (Pt. 604) an behält der Weg Höhe und Richtung bei und tritt dann neben zwei grossen Reservoiren beim tiefen Einschnitt *Gwattegg* aus dem

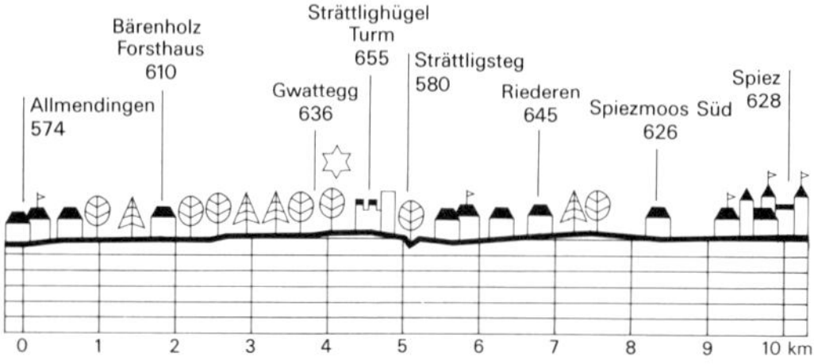

Der trutzige Strättligturm im Vorfrühling (Routen 43 und 46).

Wald (nach Gwatt 🚌 20 Min.). Ausgedehnte Lücken und sorgfältige, gepflegte Aufforstungen erinnern an einen fürchterlichen Novembersturm, der auch andernorts im Oberland gewaltige Schäden verursacht hatte.
Vor dem Einschnitt nach links und dann über einige Treppenstufen zur weithin sichtbaren Linde und über den Grat zur Linde beim Reservoir. Das lohnendste Wegstück weit und breit, von den Stadtbehörden weitsichtig und endgültig gesichert! Auf dem höchsten Punkt dieses langgezogenen Grates thront der fast versteckte *Turm* der Edlen von Strättligen, der sich im Besitze des Staates befindet (S. 117).
Vom Turm weiter, leicht abwärts zum Stundenstein an der Simmentalstrasse, diese überschreiten und auf dem neuerstellten Weg zum *Strättligsteg,* der die künstliche Schlucht von 1713 überbrückt (nach Einigen 🚌 10 Min.). Anschliessend neben der Bahnlinie leicht ansteigend und dann auf dem aussichtsreichen Höhensträsschen am Schulhaus von Einigen vorbei und über Riederen in den Rustwald. In seiner Mitte nach Belieben auf markierten Wegen entweder nach links direkt zur Station Spiezmoos Nord oder nach rechts noch angenehmer dem Waldrand entlang nach *Spiezmoos Süd,* der Bahn entlang an die Simmentalstrasse und diese überquerend durch das Choreweidli von Süden in den Bahnhof *Spiez* (S. 117).

Nebenroute
Strättligsteg–Einigenwald–Gesigen–Lattigen–Spiezmoos Süd 🚢 1 Std.

44 Dürrenast–Spiezbucht–Faulensee

Abwechslungsreiche Wanderung dem Thunersee entlang.

Route	Höhe in m	Hinweg	Rückweg
Dürrenast/ Strandbad	559	–	3 Std.
Gwatt	559	45 Min.	2 Std. 25 Min.
Gwatt/Heimstätte	558	1 Std.	2 Std. 10 Min.
Einigen/Kirche	564	1 Std. 20 Min.	1 Std. 45 Min.
Spiezmoos	620	2 Std.	1 Std. 20 Min.
Spiezberg	660	2 Std. 20 Min.	1 Std.
Spiezbucht	558	2 Std. 40 Min.	30 Min.
Faulensee	558	3 Std. 10 Min.	–

Wer ab Thun die Bahn benützt, steigt in *Dürrenast* aus und erreicht durch die Schulstrasse nach 250 m ebenfalls die Haltestelle Strandbad, wo die Wanderung beginnt.
Von der Haltestelle an der Lachen vorbei zur Ecke des *Strandbades* und diesem entlang auf dem wunderbaren Strandweg dem Campingplatz entlang in den Bonstettenpark.
Eine sinnvolle Fortsetzung des Weges aus dem Park wird seit längerer Zeit gesucht. Bis zu deren Verwirklichung vorerst auf dem Trottoir zur Bushaltestelle *Gwatt* (S. 111), diesem folgen bis zur Abzweigung nach der *Heimstätte,* Zentrum der reformierten Kirche. An dieser vorbei in den Kandergrienwald – links Abzweigung zur Seewiese –, dann auf der ARA-Brücke über die Kander geradeaus dem Deltarand entlang bis zum Zickzack-Aufstieg zur Hauptstrasse. Nun auf dem Trottoir (Unterführung zur Station Einigen) und dann durch die Dorfstrasse zur Kirche *Einigen* (S. 111), der ältesten des ganzen Bernerlandes. Wir folgen dem Strässlein gradeaus, am neuen Friedhof vorbei, dann auf dem Trottoir der Hauptstrasse 400 m bis Kumm, wo wir rechts zur Bahnhaltestelle Kumm abzweigen, von wo der Feldweg nach

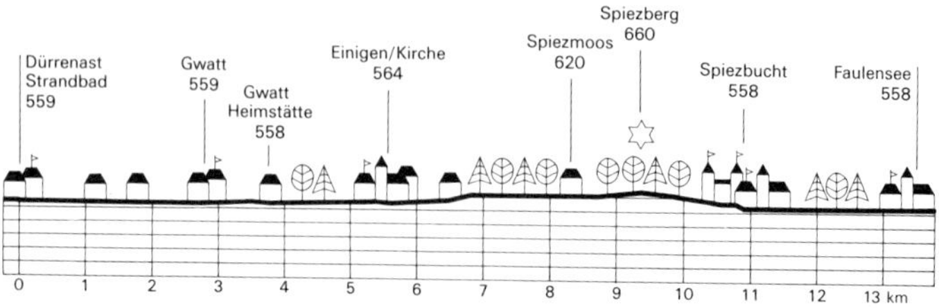

5 Min. mit der Route 46 zusammentrifft, der wir nach links durch den Rustwald nach *Spiezmoos* folgen. Dort unter Bahn und Hauptstrasse durch und gleich darauf dem kleinen Strässchen und Waldweg zum *Spiezberg* folgen. Waldlehrpfad, prächtige Aussicht.
Vom Ende des Spiezberges durch den Rebberg, neben dem Katzenstein (Err. Block) und einer Edelkastanie vorbei durch den Kirschgarten in den Schlosshof von *Spiez* (S. 117), Standbild des Ritters Adrian von Bubenberg, nebenan das ehrwürdige romanische Kirchlein. Einige Treppenstufen tiefer betreten wir die *Spiezbucht*, die man im wesentlichen im heutigen Zustande erhalten will. Rundherum folgen wir dem Uferweg nach dem hangaufwärts wachsenden *Faulensee* (S. 111). Auf aussichtsreichem Hügel die 1960 erbaute Kirche. In den Fundamenten wurden Überreste einer Burg und der ehemaligen Columbankapelle gefunden. Der Weg zur gleichnamigen Haltestelle ist markiert.

45 Gwatt–Im Hani–Wimmis

Abwechslungsreiche, leichte Wanderung abseits des Verkehrs.

Route	Höhe in m	Hinweg	Rückweg
Gwatt 🚌	559	–	1 Std. 45 Min.
Gwattegg	636	20 Min.	1 Std. 30 Min.
Zwieselberg/Stallägerten	600	40 Min.	1 Std. 10 Min.
Im Hani/Säge	600	45 Min.	1 Std.
Gand/Simmesteg	590	1 Std. 20 Min.	25 Min.
Wimmis 🚆	629	1 Std. 45 Min.	–

Von der Bus-Haltestelle *Gwatt* (S. 111) ungefähr 300 m auf dem Trottoir nach Süden, vor der Bäckerei rechts ansteigend über die Bahnlinie am alten Gwattstutz, dann rechts durch die hohle Ribigasse hinauf zum Einschnitt in der *Gwattegg* (nach Strättligturm 10 Min.). Rechts davon das Wasserreservoir der ehemaligen Gemeinde Strättligen von 1910 und daneben das der

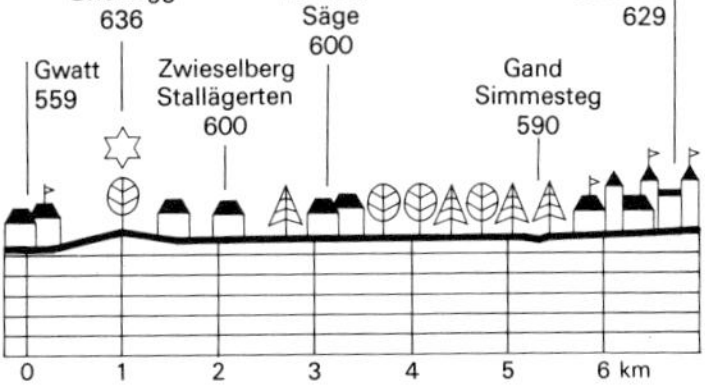

Gemeinde Thun von 1956, das auch die 1920 eingemeindeten Bezirke Strättligen (Allmendingen, Gwatt, Dürrenast, Scherzligen) mit Grundwasser aus dem Lerchenfeld bedient.
Nach dem Einschnitt ausgedehnte sonnige Ebene, die wir geradeaus bis zum Rand überschreiten, dann Abstieg durch den Waldsaum in die Brüggmatte und unter der Autobahn durch zur Alte Schlyffi und drüben am Fuss des *Zwieselberges* bei *Stallägerten* nach links, dem Waldstreifen entlang, zur alten *Säge Im Hani.* Die Strasse überqueren und über einen geschützten Hausvorplatz durch die berüchtigte Kurve und über den kleinen Glütschbachüberlauf an das Kanderufer, mit der neuen ARA-Brücke. Dem Ufer folgen und kurz nachher in das frühere, nun mit Bäumen und Sträuchern besetzte Kanderbett, Gand genannt. Am Fusse der Sattelegg (Ausläufer der Simmenflue) führt der *Simmesteg* ans andere Ufer. Der Weg zeiht sich nun rechts der rauschenden Simme entlang, später nach links zur Station *Wimmis* (S. 119).

46 Gwatt–Einigen–Spiez

Sehr leichte Wanderung abseits der Landstrasse. Teilstück des Thunersee-Rundweges.

Route	Höhe in m	Hinweg	Rückweg
Gwatt 🚆 🚌	561	–	1 Std. 45 Min.
Gwattegg	636	20 Min.	1 Std. 30 Min.
Strättligsteg	600	40 Min.	1 Std. 05 Min.
Einigen 🚆	636	50 Min.	55 Min.
Rustwald	644	1 Std. 10 Min.	40 Min.
Spiezmoos 🚆	620	1 Std. 30 Min.	25 Min.
Spiez 🚆	628	1 Std. 50 Min.	–

Von der Bahnstation *Gwatt* (S. 111) über das Geleise und unmittelbar nach der Barriere links dem Bahndamm entlang. Nach zirka 200 m überqueren

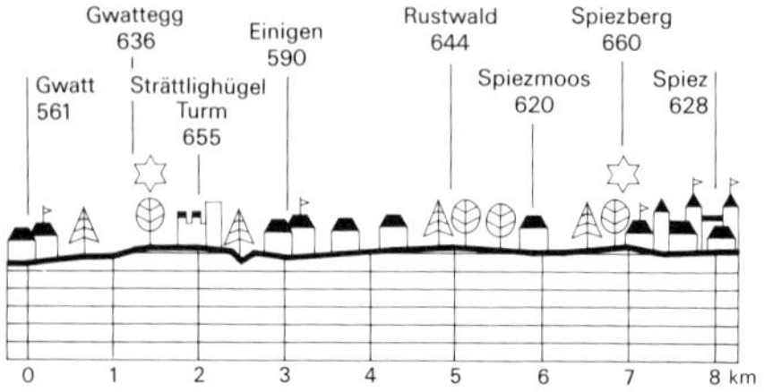

wir die Wiese, um in den südwestlich gelegenen Burgerwald zu gelangen. Nach Steinhaufen erreichen wir das Fahrsträsschen Gwattstutz–Glütschbachtal.
Wer mit dem Bus von Thun nach Gwatt fährt, erreicht die Wanderroute bei der Endstation Gwatt. Geschützte, vielhundertjährige Bettlereiche bei der Bus-Haltestelle. Von hier der Staatsstrasse entlang bis zur Bäckerei Linder und dort rechts abbiegend auf dem Fahrsträsschen über das Bahngeleise. Der Wanderweg führt nun rechts durch die hohle Ribigasse den Gwattstutz hinauf und auf dem Fahrsträsschen bis kurz vor den Einschnitt der Gwattegg.
Wir biegen links ab und steigen einige Treppenstufen hinauf zum Aussichtspunkt *Gwattegg.* Umfassende Aussicht über See und Stadt. Über den prächtigen Gratweg sanft absteigend am *Strättligturm* (S.117) vorbei, die Simmentalstrasse überquerend und hinunter zum 1967 erstellten *Strättligsteg* über die Kander. Auf dem rechten Ufer kurzer Aufstieg zum Bahngeleise Thun–Spiez. Dem Hang entlang, neben der Schulhaus-Anlage *Einigen* vorbei über Roggeren–Rüdli (nach Einigen/Kirche 10 Min.) nach Riederen. Mit einem Blick zurück überschauen wir das ausgedehnte Kanderdelta, das eine Breite von rund 1 km und eine sichtbare Länge von mindestens 500 m aufweist. Man staunt über die gewaltige Aufschüttung seit dem Durchstich des Strättlighügels im Jahre 1713. Tief und breit hat sich der Fluss darin eingefressen und den ehemaligen Stollen schon ein Jahr später zum Einsturz gebracht. Auf dem Delta Kies- und Sandwerk mit angeschlossener Zementfabrik, das der Verlandung des untern Thunersees einigermassen entgegenwirkt.
Durch den prächtigen *Rustwald* bis zur Wegkreuzung. Auf dem links abzweigenden Weg treten wir bald aus dem Wald und folgen dessen südlichem Rand entlang nach *Spiezmoos.* Bei der Bahnhaltestelle Spiezmoos Nord durch die Unterführung und nach rechts abbiegend zwischen den Häusern hindurch bis zur Staatsstrasse. Nach der Strassenunterführung beim Überlaufgefäss der BKW auf dem Weidliweg zum *Spiezberg.*
Wir folgen dem südlichen Waldrand und steigen hinunter zum Schulhaus. Auf der Asylstrasse am Asyl Gottesgnad vorbei zur ref. Kirche. Rechts abbiegend zur Staatsstrasse Thun–Interlaken, die wir beim Hotel Lötschberg überqueren, und durch die leicht ansteigende Bahnhofstrasse zum Bahnhof *Spiez* (S.117).

Nebenrouten

a) Gwatt–Alti Schlyffi–Im Hani–ARA-Brücke–Gesigen–Lattigen–Zuberstutz–Spiezmoos Nord 🚃 2 Std.
b) Riederen–Rustwald–Spiezmoos Süd–Simmentalstrasse–Chorenweidli–Spiez 🚃 🚌 50 Min.

47 Wimmis–Bergli–Niesen

Bergweg ab Züneggwald. Sehr lohnende Tour auf den schönsten Aussichtspunkt am Thunersee.

Route	Höhe in m	Hinweg	Rückweg
Wimmis	629	–	4 Std.
Oberdorf	669	15 Min.	3 Std. 45 Min.
Züneggwald	797	40 Min.	3 Std. 15 Min.
Bergli	1275	2 Std. 15 Min.	2 Std. 15 Min.
Ober Stalden	1700	3 Std. 45 Min.	1 Std. 20 Min.
Niesen	2362	5 Std. 30 Min.	–

Von der Station *Wimmis* (S. 119) wandern wir die Bahnhofstrasse hinauf, überqueren die Hauptstrasse und gelangen unterhalb Kirche und Schloss ins *Oberdorf* (nach Spissi–Feld–Oey–Diemtigen 1 Std.) und dann immer in gleicher Richtung dem Waldrand der Burgflue entlang durch die Spissen zum wilden Alpbach, der den Nordhang zwischen Niesen und Fromberghorn entwässert. Nach Querung des Alpbaches gelangen wir in den *Züneggwald,* wo wir auf der Höhe 800 m vom Weg nach Diemtigen abzweigen und zu steigen beginnen. Immer gleichmässig in zahllosen Kehren zwischen hohen Tannen und hellen Buchen bergan. Weiter oben erlaubt der Wald einen Blick auf die jenseitige Landschaft. Die schönen Alpen des Heitiberges und die Vorgipfel des Stockhorns werden sichtbar. Rechts über der bewaldeten Burgflue die kahle, drohende Simmenflue. Einem wochenlangen Brande, infolge Blitzschlag, fiel der ehemals schmucke Bergwald im Sommer 1911 zum Opfer. Heute fassen vielerlei Samen wieder Fuss; alle Pflanzenarten helfen die kahlen Felsen beleben.
Von der kleinen Steinbank beim wuchtigen Ahorn leicht aufwärts hinüber zum *Bergli* (nach Bleikiwald–Oey–Diemtigen 1 Std. 35 Min.). In mässiger Steigung durch lichten Wald, dann über den Alpbach nach den untern Hütten von *Stalden* und in zwei langgezogenen Kehren zu den obern. Stalden ist gleichbedeutend mit Stutz und hier sicher zutreffend. Im Sattel bei

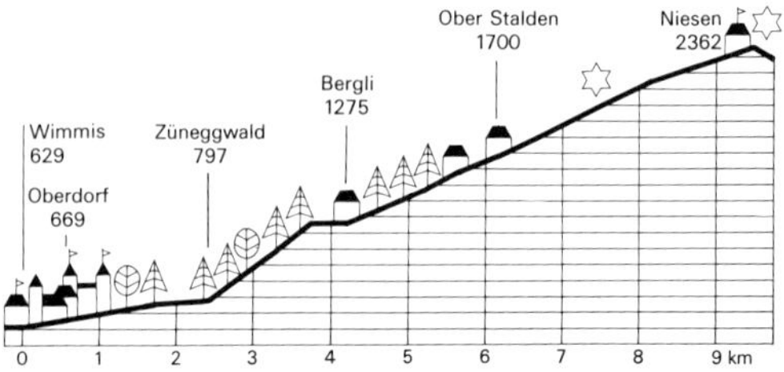

Pt. 1955 erfreuen wir uns des ersten prächtigen Ausblickes ins Kandertal. Breit angelegte Wege erleichtern den weitern Aufstieg zum Gipfel des *Niesen* (S. 114).

Nebenroute

a) Oberdorf–Bruchwald–Gatafel–Vorder Ahorni–Färichegg–Stueffistein–Niesen (Bergweg) 5 Std.

Abstiege vom Niesen

b) Niesen–Schwandegg –Reichenbach (Bergweg) 3 Std. 10 Min.
c) Niesen–Oberniesen–Wengi (Bergweg) 3 Std. 45 Min.
d) Niesen–Stalden–Bruchgeeren–Oey (Bergweg) 4 Std.
e) Niesen–Stueffistein–Vorder Ahorni–Wimmis (Bergweg) 3 Std. 30 Min.

48 Wimmis–Heustrich–Mülenen

Angenehme, lohnende Wanderung am Fusse des Niesens.

Route	Höhe in m	Hinweg	Rückweg
Wimmis	629	–	1 Std. 35 Min.
Hasli	667	20 Min.	1 Std. 15 Min.
Obermatte	672	40 Min.	50 Min.
Heustrichbrücke	678	1 Std. 10 Min.	25 Min.
Mülenen	692	1 Std. 35 Min.	–

Von der Station *Wimmis* (S. 119) links am Bahnhofrestaurant vorbei dorfwärts zur Hauptstrasse, diese queren und dem Mühlebach entlang bis zur Mühle. Über den Bach und leicht aufwärts ins Moos und gegen den

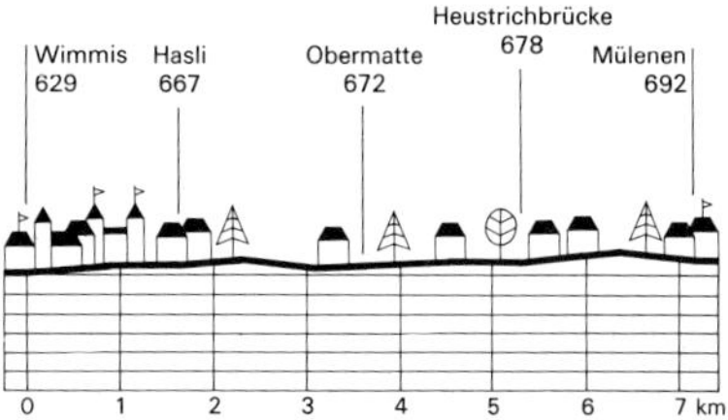

schönen Weiler *Hasli*. Kurz vorher zweigen wir rechts auf einen Feldweg ab, der hinunter in die Ebene von *Obermatte* führt. Von hier auf asphaltiertem Fahrsträsschen zur Brücke von *Heustrich* (nach Heustrich 🚃 5 Min.), wo die Kander schäumend über die sichernde Schwelle springt. Geradeaus durch den Waldsaum zum Heustrichbad. Quelle etwas höher oben im Rossgraben.

Das Bad verdankte seinen Aufschwung und Weltruhm der bei Magen- und Darmkrankheiten erfolgreichen Schwefelheilquelle. Zur Zeit der grossen Bademode konnte es etwa 300 Gäste aufnehmen. Krieg und Krise und ein Brand im Jahre 1932 verursachten einschneidende Veränderungen. Heute erhebt sich an der gleichen Stelle ein vorbildlich eingerichtetes Gebäude mit etwa 60 Betten, das der Stiftung für sozial therapeutische Gemeinschaft dient.

Auf geteertem Fahrsträsschen über der Kander und an der Niesenbahn vorbei nach *Mülenen*. Jenseits des Flusses die sonnigen Gebiete von Faltschen und Scharnachtal. Im Talabschluss die Blümlisalp.

49 Mülenen–Schwandegg–Niesen

Bergweg. Sehr lohnender Aufstieg auf den schönsten Berg am Thunersee.

Route	Höhe in m	Hinweg	Rückweg
Mülenen 🚃	692	–	3 Std. 10 Min.
Rölleren/Brücke	1361	1 Std. 45 Min.	1 Std. 50 Min.
Schwandegg 🚞	1666	2 Std. 45 Min.	1 Std. 15 Min.
Niesen 🚞	2362	5 Std.	–

Von der Station *Mülenen* über die Kander und talaus bis zum nächsten Bächlein, dann dem Waldrand entlang hinauf in die Husweid. In vielfachem Zickzack durch den grossen Heustrich- und Niesenwald setzt sich der Wald-

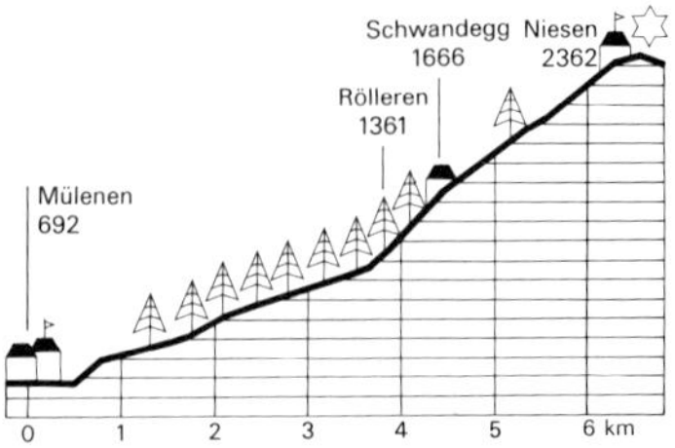

weg an der Brücke *Rölleren* vorbei und nun direkt der Bahnlinie folgend bis auf die Höhe von Schwandegg (Bahnstation) fort.
Als interessante Abwechslung über die erwähnte Brücke mit wenig Steigung auf die aussichtsreiche Egg bei Schlächtewald, Pt. 1434 und Zusammentreffen mit der Route Reichenbach–Niesen. Erster grossartiger Ausblick über das Kandertal. Direkt über die Egg ansteigen und in 45 Min. auch nach *Schwandegg.* Oberhalb der Station lichtet sich der Bergwald, die Wettertannen mit windzerzausten, knorrigen Ästen werden typischer. In ihrem Schutze sorgfältig gehegter Jungwald und ausdauernde Bergpflanzen. Oberhalb der Waldgrenze in den Steilhang eingesetzte und an feste Felsvorsprünge angelehnte Lawinensperren zum Schutze des Waldes und der Bahnanlagen. Guter Weg im Zickzack an diesen Verbauungen vorbei und beim Stall Rebmattli in die Höhe. Der Grasteppich wird dünner, das lose Geröll und die groben Blöcke häufiger; bald treffen wir vor der Station *Niesen* Kulm (S. 114) ein. Die Verbindung von Fussmarsch und Bahnfahrt ermöglicht auch lohnende halbe Auf- oder Abstiege.

50 Spiez–Spiezmoos–Wimmis

Kurze, leichte Wanderung zum Eingang ins Simmental.

Route	Höhe in m	Hinweg	Rückweg
Spiez	628	–	1 Std. 10 Min.
Spiezmoos Süd	630	25 Min.	45 Min.
Lattigen	627	30 Min.	40 Min.
Eyfeld	625	50 Min.	20 Min.
Wimmis	629	1 Std. 10 Min.	–

In *Spiez* (S. 117) durch die Bahnhofunterführung nach hinten, dann über die Treppe nach rechts und zwischen Einfamilienhäusern zur Wegkreuzung im Chorenweidli, wo wir den geraden Weg gegen die Simmentalstrasse

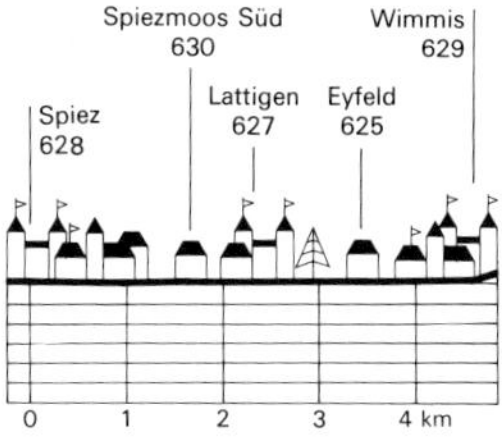

benützen. Dieser auf dem Trottoir gute 100 m nach rechts folgen, um dann nach links zwischen Bahnlinie und Stauweiher nach *Spiezmoos Süd* (nach Zuberstutz–Rustwald–Einigen 🚂 40 Min.) an der Simmentallinie zu gelangen. Der Stauweiher ist durch grosse Rohre mit dem Kraftwerk am Thunerseeufer verbunden.
Der Weg begleitet die Bahn noch eine Weile, schlüpft unter der Autobahn durch und gabelt sich beim unbewachten Übergang in *Lattigen.* Wenig später anmutiges Schlösschen von 1607 mit Treppenturm, dann an den Waldrand hinüber und über einige Stufen hinunter auf das Strässchen, das von Spiezwiler her in den Auwald führt. Links davon grössere Ebene als Ergebnis der nun abgeschlossenen, jahrelangen Schuttablagerung im Schluckhals. Unter der Autobahn über eine sichere Leiter auf den an ihr aufgehängten, mit Geländer versehenen Gittersteg aufs andere Ufer der Kander. (Gefahrlos: stillstehend betrachten, Blick geradeaus marschieren!). Von der nahen Station *Eyfeld* (nach Brunni–Simmesteg–Chapf–Reutigen 🚌 30 Min.) auf Feldweg und Strasse an typischen Oberländer Häusern vorbei durchs Unterdorf und zur Station *Wimmis* (S. 119).

51 Spiez–Hondrich–Aeschiried

Aussichtsreiche Wanderung zwischen Thunersee und Kandertal.

Route	Höhe in m	Hinweg	Rückweg
Spiez 🚂 🚌 ⛴	628	–	1 Std. 35 Min.
Leimeren	655	10 Min.	1 Std. 30 Min.
Hondrich 🚌	761	40 Min.	1 Std. 10 Min.
Aeschi/Post 🚌	862	1 Std. 10 Min.	40 Min.
Aeschiried 🚌	1015	2 Std.	–

In *Spiez* (S. 117) durch die Bahnhofunterführung nach hinten, über die Treppe links und den Bühlstutz hinauf zur Parkstrasse und durch diese links ausholend in den Faulenbachweg zum Wegweiser *Leimeren.* Nach rechts

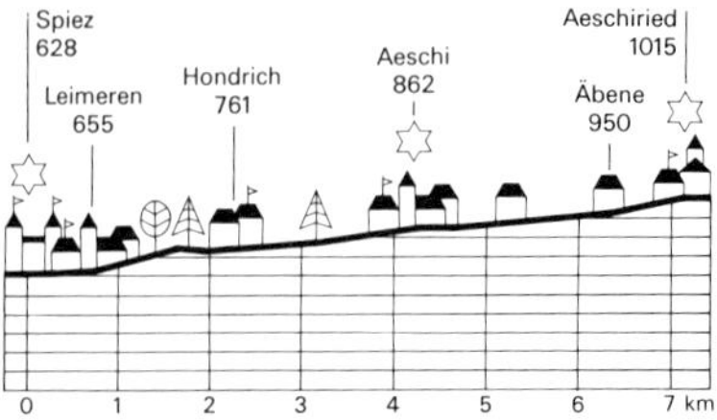

leicht ansteigend auf kleiner Brücke über die Autobahn und nach dem prächtigen Granitblock auf dem markierten Weg in den Hondrichwald. Durch diesen schräg links ansteigen, bis man auf der Höhe nach rechts umbiegend den südlichen Waldrand erreicht. Rechts neben der kantonalen Bergbauern- und Haushaltungsschule vorbei, die 1951 in die geschützte Lage von *Hondrich* hineingestellt wurde. Wie Faulensee und Einigen gehört auch Hondrich als Aussenbezirk zu Spiez mit eigener Schule.
Die Hauptstrasse überqueren und durch die Häusergruppen von Rüti und Eggi an die Ecke des Seeholzwaldes hinüber, wo ein anderer Aufstieg von Spiez her einmündet.
Bei der Strassenkreuzung mitten in *Aeschi* (S.109) auf der Strasse rund 400 m in Richtung Krattigen und dann nach rechts über Zwygarte, Staubacher, *Äbene* durch offenes Gelände mit vielseitiger Sicht zum Thunersee direkt nach *Aeschiried.* Schönes Schulhaus, grosser Parkplatz. Ausgangspunkt kürzerer und längerer Wanderungen.

52 Spiez–Krattigen–Interlaken

Abwechslungsreiche Wanderung entlang der linken Seite des Thunersees, meist abseits der Landstrasse.

Route	Höhe in m	Hinweg	Rückweg
Spiez	628	–	4 Std. 10 Min.
Faulensee	603	30 Min.	3 Std. 35 Min.
Krattigen	700	1 Std. 10 Min.	3 Std.
Leissigen	576	2 Std.	2 Std.
Därligen	600	3 Std. 15 Min.	1 Std.
Interlaken West	563	4 Std. 10 Min.	–

Vom Bahnhof *Spiez* (S.117), an dessen Südostfront sich eine grosse Orientierungstafel befindet, längs den Geleisen nach rechts, über die Niesenbrükke und südlich dem Geleise entlang durch die Krattigenstrasse bis auf die

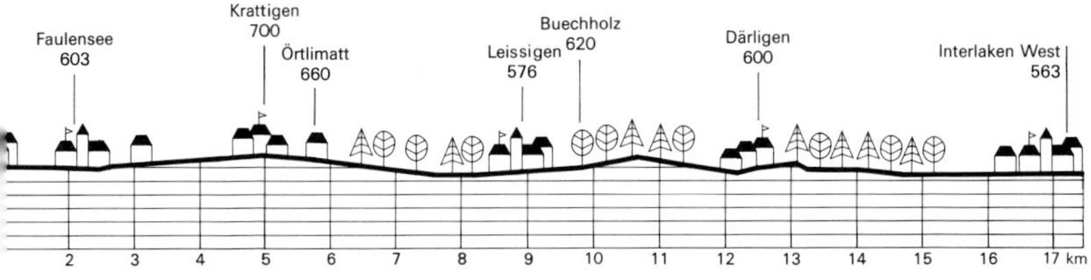

Höhe des Bahndepots. Dort scharf links abbiegen, unter der Bahnlinie durch und auf einem Feldweg Richtung *Faulensee.* Bei der Gabelung in der Mulde nach rechts hinauf zur Station und dem Geleise entlang zur Bahnunterführung. Die Wanderung kann auch bei der Ländte in der Spiezbucht begonnen werden. Sie führt auf prächtigem Uferweg nach Faulensee/Dorf.
Vom Dorf an ziemlich steil zur Bahnunterführung und links die Treppe hinauf durch einen Tunnel unter der Autobahn hindurch nach Allmi. Links auf dem alten Oberlandweg auf schöner Terrasse nach *Krattigen.*
Das Fahrsträsschen verläuft unterhalb des Dorfes und senkt sich allmählich gegen die *Örtlimatt* (nach Hellbode–Äbene–Aeschiried 🚌 1 Std.).
Nach dem Erreichen der Strasse zweigt der Wanderweg ab. Er verläuft teilweise auf Spuren des alten Oberländerweges links der Strasse und senkt sich gegen die Geleise der Gipsfabrik Leissigbad. Nach deren Überquerung folgen wir dem Trottoir und erreichen die Krattigenstrasse wieder bei der Griesbachbrücke. Dort einige Meter auf dem rechten Ufer aufwärts und auf angenehmem Fahrsträsschen ins Dorf *Leissigen* (S. 114).
Auf dem Strässchen nach links über den Spissibach, dann über den Eybach und über das Fahrsträsschen nach dem Stoffelberg bis zum Waldaustritt. Nun links durch die Wiese hinunter zur Scheune und über den Marchbach wieder in den Wald zur Rippe, wo wir mit dem Weg Stoffelberg–Meilisalp zusammentreffen. Links hinunter erreicht man *Därligen* (S. 110). Unter der Autobahnbrücke durch und beim Schulhaus nach rechts zwischen den Häusern oberhalb des Dorfes wieder zur Autobahnüberführung. Auf dem Forststrässchen erreichen wir den Leewald. Auf einem Waldweg geht es hinunter zur Strasse. Vorsicht beim Überqueren von Strasse und Bahnlinie! Über das Feldsträsschen gelangen wir bei der Autbahnbrücke (nach Unterseen 🚌 30 Min.) an den Schiffskanal und folgen diesem nach *Interlaken West* (S. 113).

◀ Putzige Nager, wie die Eichhörnchen, bezaubern den Wanderer mit munterem Spiel und wendigen Klettereien.

▶ Das Stockhorn zwischen Winter und Frühling: hier blühender Löwenzahn, dort Start zum Walalp-Slalom. Ausblick von der Höhe der Gwattegg (Routen 43 und 45).

53 Aeschi–Rengglipass–Saxeten

Bergweg ab Suld. Eine der schönsten Passwanderungen.

Route	Höhe in m	Hinweg	Rückweg
Aeschi 🚌	862	–	5 Std. 30 Min.
Aeschiried 🚌	1015	45 Min.	4 Std. 45 Min.
Suld	1080	1 Std. 45 Min.	3 Std. 45 Min.
Mittelberg	1585	3 Std. 15 Min.	2 Std. 45 Min.
Rengglipass	1879	4 Std. 15 Min.	2 Std. 15 Min.
Saxeten 🚌	1131	5 Std. 45 Min.	–

In *Aeschi* (S. 109) gegenüber der Post, Schulanlage und grosser Parkplatz. Vorerst auf dem Trottoir der Aeschiriedstrasse aufwärts, am Campingplatz vorbei und nach 300 m rechts abzweigend über Sandgruebe, Sewenegg (Aussichtspunkt). Hieher führt auch der Aufstieg von Zwygarte über Wachthubel am Kinderheim Tabor vorbei. Dann an den Rand des steil zum Suldbach abfallenden Waldes bis zum nächsten Bauernhaus mit Abzweigung nach *Aeschiried*.
Unsere Route setzen wir über Schitmatti bis zum Suldtalsträsschen fort, um später nach rechts hinunter zum Suldbach abzuzweigen. Der Weg verläuft zuerst auf dem rechten und von der Holzbrücke an auf dem linken Ufer dem nagenden Wasser entlang bis zum Restaurant «Pochtenfall» im *Suld.*
Neben breitausladenden Ahornbäumen finden sich die jahrhundertealten Speicher, in welchen die Käse der umliegenden Alpen bis zum Herbst gelagert werden. Der Aufstieg zu den tosenden *Pochtefällen* kann nach Belieben rechts oder links erfolgen. Bei den Pochten, d. h. bei den grössten, im Laufe der Jahrtausende durch Wasser und wirbelnde Steine ausgeschliffenen Kesseln, verbindet eine sichere Brücke die beiden Ufer und bietet Gelegenheit, die Naturspiele zu bewundern. Treffend erscheint uns der Name Suld, wenn man vernimmt, dass er, wie auch der andere, ähnlich klingende Zulg, vom altalemannischen «Tulla», «Zulla» abzuleiten sei, was

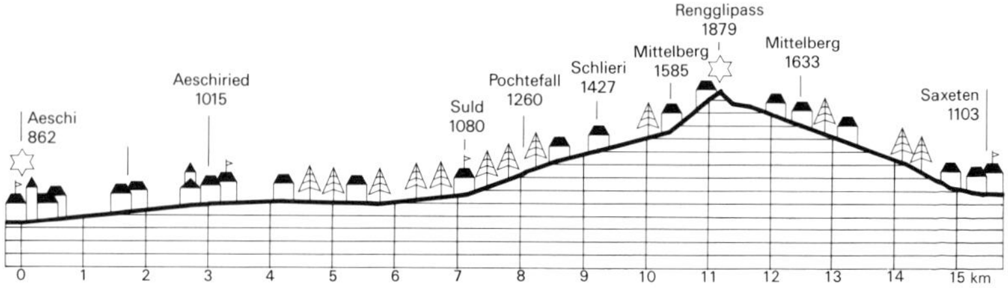

Loch oder Graben bedeute. Weiter führt der Weg durch eine Schlucht aufwärts über Louene und *Schlieri* ins Tal der Latrejenalp, die für 70 bis 80 Kühe Sömmerung bietet. Eindrücklicher wilder Talkessel, umrahmt von den Felsen von Schwalmere und Dreispitz. Über Punkt 1520 zu den Hütten von *Mittelberg,* an diesen links vorbei, längs eines Grabens vorerst durch lichten Wald bergauf. Nach rund 1 Stunde erreicht man die Hütte *Renggli* (Übernachtungsmöglichkeit), von hier zum gleichnamigen *Pass* (nach Morgenberghorn, Bergweg, 1 Std. 15 Min.), wegen der frühern Alpchilbi auch Tanzbödelipass genannt. Von der Passhöhe über offene Alpweiden von *Mittelberg,* Ramsermatten nach Innerfeld und *Saxeten.*
Wer in Saxeten nicht auf den Kleinbus warten will, benützt den Wanderweg bis Wilderswil, das in 1 Std. 15 Min. erreicht wird.

54 Aeschi–Aeschiried–Brunni–Suld

Bergweg ab Aeschiried. Einzigartige Höhenwanderung über Aeschiallmend an den Fuss des Morgenberghorns.

Route	Höhe in m	Hinweg	Rückweg
Aeschi 🚌	862	–	4 Std. 10 Min.
Aeschiried 🚌	1015	45 Min.	3 Std. 30 Min.
Aeschiallmi	1260	1 Std. 30 Min.	3 Std.
Bireberg	1430	2 Std.	2 Std. 40 Min.
Greberegg	1578	2 Std. 20 Min.	2 Std. 20 Min.
Brunni	1644	3 Std.	2 Std.
Louene	1363	3 Std. 45 Min.	55 Min.
Suld	1080	4 Std. 15 Min.	–

Von der Dorfmitte von *Aeschi* (S. 109) folgt man der Strasse Richtung Krattigen bis zum Hotel Seeblick, biegt dort nach rechts, bei der nächsten Weg-

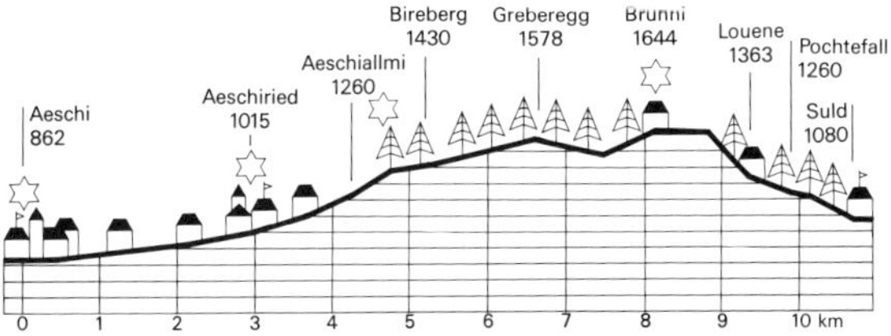

gabel nach links ab und steigt nach *Aeschiried* hinauf. Unweit Pt. 1125 der *Aeschiallmi* liegt ein mächtiger Felsblock als Zeuge jener Zeiten, da sich in dieser Höhe Aare- und Kandergletscher trafen und hier Geröll und Blöcke liegenliessen.
Der Weg steigt nun ziemlich genau über die Gratkante zur Schatthütte mit freiem Ausblick nach rechts und links, dann hinauf zum Spitz. Für kurze Zeit beidseitig Wald, dann müheloses Wandern am sonnigen Waldrand des *Bireberges* (nach Rüeggis–Hellbode–Krattigen 1 Std. 30 Min.), später wieder durch den Wald ansteigend gegen die *Greberegg.* Vor der Senke vor der Greberegg zweigt rechts der Weg zur Hütte und durch den Leimerewald steil hinunter zum Restaurant «Pochtenfall» im Suld (50 Min.) ab. Dann dem guten Weg rechts um die Kuppe folgen und direkt auf die bald sichtbare Hütte von *Brunni* zu. Überwältigende Rundsicht vom Dreispitz zur Niesenkette, ins Gürbe- und Aaretal, in die Hügelgebiete des Ballenbühls und Kurzenberges, der Falkenfluh und Honegg und über Sigriswil- und Güggisgrat zum Hohgant und Brienzerrothorn. Gelegenheit zum Übernachten.
Von der Hütte nach Süden dem rechten Hang des Morgenberghorns entlang auf ziemlich ebenem Wege. Bei nassem Wetter besondere Vorsicht! Auf steilen Hängen oder unter schattigen Felsabsätzen weidende Schafe. Rechts weiter vorn im Schutze knorriger Wettertannen mehrere Schaffärriche (Pferchumzäunungen). Kurz nachher erreicht man auf vorspringender Schulter Weide und Hütte von Hutmad (erinnert an hüten). Sofort nach der Hütte schräg rechts hinunter zum kleinen Tor und von da im Zickzack durch den licht bewaldeten Steilhang abwärts auf deutlichen Weglein. Rechts an einem Stall vorbei und nach vielen Windungen auf den Weg, der talein zu den Alpen von Latreije führt. *Louene* weist auf den häufigen Lawinenniedergang hin. Rechts des immer tiefer eingeschnittenen Baches auf breitem Saumweg talauswärts. Bald verschwindet das Wasser über harte Felsstufen in Fällen, wirbelt in den Pochte hochauf, deshalb der Name *Pochtefälle.* Unweit der Wirtschaft «Pochtenfall» im *Suld* unter schattigen Ahornen befinden sich Speicher mit Bruchstücken von Inschriften: Bendicht Baur, Statthalter, und Bendicht Berger, Chirurgus, Seckelmeister.

▶ Von Schloss Spiez zog Ritter Adrian von Bubenberg aus, um Murten zu verteidigen. Franz Ludwig von Erlach schliesslich gab dem «Goldenen Hof» seine heutige, imposante Gestalt: Handlungsort interessantester Berner Geschichte! (Routen 44 und 52).

▶▶ Beim Höhersteigen weitet sich der Blick mit jedem Schritt: Blick von Sigriswil auf die Niederhornflanke des Justistales und die darüber thronenden Berner Hochalpen (Eiger, Mönch und Jungfrau; Routen 18, 19 und 25).

▶▶▶ Schloss Schadau, erbaut 1848–1852, umgeben von schönem Park, in welchem sich auch das berühmte Wocher-Panorama befindet (Route 31).

55 Därligen–Viertel–Aeschiried

Panoramaweg. Leissiggraben/Spissibach gesperrt Ende Oktober–April.

Route	Höhe in m	Hinweg	Rückweg
Därligen	562	–	3 Std.
Meielisalp	801	1 Std.	2 Std. 10 Min.
Chüngstuel	900	2 Std.	1 Std. 20 Min.
Schüpfweid	980	2 Std. 25 Min.	1 Std.
Viertel	1079	2 Std. 50 Min.	35 Min.
Aeschiried	1015	3 Std. 20 Min.	–

Von der Station *Därligen* (S. 110) der Strasse entlang ins Dorf bis zum Dorfplatz dann hinauf rechts am Brunnen und am Schulhaus vorbei zum nächsten Strässchen, das von der Ländte heraufführt. Nun aufwärts, unter der Autobahn durch und nach rechts ansteigend auf den Egghubel und dann durch Wald und Gebüsch über den offenen Stoffelberg zum Ferienheim *Meielisalp* (nach Finel/Hodler-Gedenkstätte–Leissigen 35 Min.). Mit wenig Steigung ans Ostufer des wilden Leissigbaches/Spissibach. Von hier über sichere Eisentreppen bis zum Bachbett hinunter und jenseits durch ein Rutschgebiet ansteigend wieder auf sicheres Weideland. (Gesperrt von Ende Oktober bis ca. Ende April. Während dieser Zeit kann der Abstieg nach Leissigen auf beiden Ufern gefahrlos erfolgen.)
Wenig steigend nach *Chüngstuel,* Aussichtspunkt, (nach Ried–Leissigen 45 Min.), dann auf der Forststrasse zum Wegweiser Rügger und während 10 Min. durch den Wald in die *Schüpfweid* hinauf und anschliessend wieder durch eine Forststrasse bis auf die Allmend *Ufem Viertel* und leicht abwärts zu der neuen Sennhütte auf dem Hellboden. Von hier über einen Hangweg unter dem Skilift-Seil in ein Wäldlein und jenseits durch die offene Landschaft von Windegg zum Parkplatz und Postautoausgangspunkt neben dem schönen Schulhaus von *Aeschiried.*
Hier beginnt der zweite Teil des Panoramaweges mit dem Ziel Kiental (2 Std. 50 Min.). Die Wanderungen in umgekehrter Richtung sind ebenso lohnend.

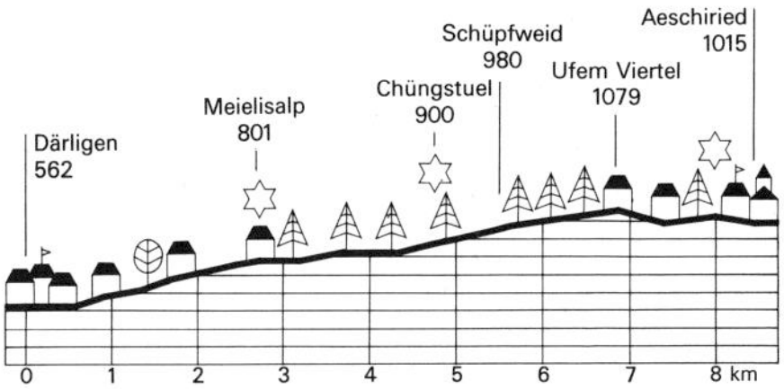

Aeschi (1500 Einwohner)
Das Dorf hoch über dem Thunersee wird urkundlich schon sehr früh erwähnt (oftmals als Eschi). Die Kirche, eine der zwölf ältesten des Thunerseegebietes, wurde 933 der Sage nach von der Königin Bertha oder ihrem Gemahl König Rudolf II. von Burgund gestiftet und machte zur Zeit der Reformation besonders von sich reden. Die Frauen von Aeschi sollen ihr Gotteshaus damals mit Waffen gegen die aufkommende neue Lehre verteidigt haben. In einer alten Chronik steht: «Die hohe Lage dieses Pfarrdorfes gewährt, besonders bei der weit im Lande umher sichtbaren Kirche, eine Aussicht, welche an Ausdehnung und Schönheit alle anderen am Thunersee übertrifft. Den Brienzersee sieht man an einigen Orten ganz, an andern zum Teil; den Thunersee übersieht man fast überall in seiner ganzen Ausdehnung, das Simmental an seinem Eingang.» Kein Wunder, dass Aeschi auch heute als Ferien- und Wandergebiet geschätzt wird.

Amsoldingen (570 Einwohner)
Am Fusse des Stockhorns gelegen, dient Amsoldingen als Ausgangspunkt für stille, romantische Spaziergänge in der Gegend des Amsoldingen-, Uebeschi- und Dittligsees, aber auch des winzigen, idyllischen Geistseeleins. Rund um diese verträumten, unverbauten Gewässer findet sich eine erstaunlich reiche Flora und Fauna. Niemand versäume einen Besuch der schönen Kirche, ein unmittelbar neben dem sich in Privatbesitz befindlichen Schloss gelegenes Wahrzeichen vergangener Zeiten. Sie gilt mit derjenigen von Spiez als die bedeutendste romanische Anlage im Bernerland. Sie diente vor der Reformation als sogenanntes Chorherrenstift. Vorsteher des Stifts waren Adelige der Umgebung, Pröbste genannt. Einer von ihnen war Graf Eberhard von Kyburg zu Thun. Sehenswerte Unterkirche mit rundbogigem Kreuzgewölbe, die sogenannte Krypta. In der Kirche ein Wandgemälde, Christophorus darstellend, ein prächtiger Taufstein aus der Zeit um 1300 und Glasmalereien nach Entwürfen von Rudolf Münger, seit der Renovation von 1908.

Beatenberg (1200 Einwohner)
Ein eigentliches Dorf im üblichen Sinne gibt es in Beatenberg nicht. Das für die Besiedlung in Frage kommende Gebiet zieht sich auf der ziemlich schmalen Terrasse über 6 km hin. Aus diesem Grunde konnte sich nirgends ein eigentliches Dorfzentrum bilden. Seit alter Zeit bestehen die drei Bäuerten: Schmocken im Westen, Spirenwald in der Mitte und Waldegg im Osten, jede mit einem eigenen Schulhaus.
In einer Interlakner Urkunde von 1246 wird schon ein C. von St. Beat als Leutpriester erwähnt. Ein Teil der Patronatsrechte der Kirche «zuo Sant Batten» gehörte Walter von Eschenbach (in Oberhofen) und wurde 1263 an das Kloster von Interlaken vergabt, die andere Hälfte gehörte den Freiherren von Weissenburg, die damals auch die Herrschaft Weissenau (am Aarekanal) besassen. Wegen ihres Mangels an guten Zugangswegen galt die Pfarrei noch lange als «eine wahre Einsiedelei». Die Lage hoch über dem Thunersee hat aber offensichtlich schon damals ihre volle Anziehungskraft bewiesen.

Beatushöhlen: Der Sage nach war die Höhle Wohnstätte des Apostels Beatus, der hier um das Jahr 100 gelebt haben soll. Geschichtsforscher nehmen aber an, dass der Glaubensbote im Kreise von Columban und Gallus im 6. Jahrhundert in die Schweiz gekommen war. Sicher ist, dass der Heilige Beatus im Mittelalter hochverehrt war und unzählige aus nah und fern zu seinen Gebeinen und zu seiner Klause wallfahrteten. Als 1439 in Bern die Pest wütete, beschloss die Regierung einen allgemeinen Buss- und Bittgang zur Ruhestätte St. Beatus. Eine unabsehbare Menge pilgerte am 22. Juli nach der Höhle. Der Schultheiss und die Räte gingen selber zu Fuss mit. Nach der Reformation duldete die Regierung den Heiligenkult nicht mehr. Die Gebeine des Heiligen wurden entfernt, die Bauten abgerissen und die Höhle zugemauert. Erst in der Zeit des neu erwachten Fremdenverkehrs im 18. Jahrhundert wurde sie wieder eröffnet. Anfang dieses Jahrhunderts trieb der damalige Direktor des Verkehrsvereins Berner Oberland, Hermann Hartmann, die Erforschung und Erschliessung der Höhlen voran. Auf seine Initiative wurde 1904 die Beatushöhlen-Genossenschaft gegründet. Heute sind 8,9 Kilometer des Grottensystems erforscht und rund 1000 Meter öffentlich zugänglich. Das Interesse der heutigen Besucher gilt vor allem dem Naturwunder der Bachhöhle. Man bestaunt die prächtigen Tropfsteingebilde und blickt in die vielen Seitengänge und kuppelartigen Erweiterungen. 1984 wurde hier das erste und einzige Höhlenmuseum der Schweiz eröffnet.

Blumenstein (1000 Einwohner)
Blumenstein bildet keine geschlossene Ortschaft, sondern setzt sich aus vielen weitverstreuten Häusergruppen zusammen, die hauptsächlich in dem leicht geneigten, fast ebenen Gebiet zwischen Fallbach und Gürbe oder in der rundhügeligen Moränenlandschaft östlich davon liegen. 1722 wurde von Oberherr Frisching von Rümligen das Bad am Nordausgang der Ortschaft eingerichtet und die «schattenlose Fläche zu Baumanlagen benützt». Heute nur noch Wirtschaft.
Zuoberst auf dem flachen Schuttkegel des Fallbaches Kirche und Pfarrhaus. Romanischer Turm, gotischer Chor mit drei prächtigen Glasgemälden aus dem 14. Jh. Schöne Holzschnitzereien. Auf dem linken Ufer des Fallbaches befand sich früher die Burg der Edlen von Blumenstein.

Buchen (Gde. Horrenbach-Buchen, 250 Einwohner)
Das Kirchlein von Buchen ist seit 1929 wertvoller Mittelpunkt der im Jahr 1935 selbständig erklärten Kirchgemeinde, welche aus den früher kirchlich zu Steffisburg, Schwarzenegg und Hilterfingen gehörenden Bezirken Homberg, Buchen, Teuffenthal und Horrenbach gebildet worden ist. Erst seit dieser Zeit können die Toten dieser Gegend im stillen Friedhof neben der Kirche bestattet werden, während sie früher stundenweit nach Steffisburg und Hilterfingen begleitet werden mussten. Ein Abstecher auf den markanten Rundhübel und in die Kirche mit kunstvollem Wandteppich lohnt sich.

Därligen (300 Einwohner)
Einst westlicher Endpunkt der «Bödelibahn», welche die Station Interlaken Ost und somit den Brienzersee mit dem Thunersee verband. Trotz moderner Verkehrsverbindungen zum nahegelegenen Touristenzentrum Interlaken ist das Dorf am linken Seeufer eine Welt für sich geblieben. Der Badestrand, die Spazierwege und die unzähligen Ausflugsmöglichkeiten machen das idyllische Därligen zum geruhsamen und vielseitigen Ferienort.

Einigen (Gde. Spiez, 9800 Einwohner)
Gar manches Brautpaar wählt die altehrwürdige romanische Kirche für seinen wichtigsten Tag. Sie ist die älteste des ganzen Bernerlandes.
Lange war sie bekannter Wallfahrtsort, denn dem Wasser aus ihrem Brunnen wurde Heilwirkung zugesprochen.

Eriz (500 Einwohner)
Das kleine, vor wenigen Jahren noch kaum bekannte Bergbauerndorf hat sich zu einem beliebten Ferien- und Wintersportgebiet entwickelt. Hier, an der Grenze zwischen Ackerbaugebiet und Alpbetrieb, leben Menschen, die als Bergbauern, Holzer und Älpler an harte Arbeit und einfaches Leben gewöhnt sind. Sie gehören in Art und Sprache zum Emmental wie die Bauart ihrer Häuser.
Linden befindet sich ungefähr in der Mitte des waldreichen Eriz. Bis hier ist das Tal verhältnismässig breit und der Ablauf der Zulg gemächlich, so dass sich eine Überbrükkung recht gut bewerkstelligen liess. Begreiflich, dass Linden sich zum Zentrum der Gemeinde Eriz entwickelte mit Post, Haltestelle, Wirtschaft, Bäckerei und Handlung, Schulhaus und Schmiede. Beidseits an den steilen Hängen liegen einsame Berghöfe. Talauswärts verläuft die Zulg tief eingeschnitten und vielfach gewunden, ihrem Namen alle Ehre machend, bedeutet doch «Tulla», «Zulla» altallemannisch soviel wie Loch oder Graben.

Faulensee (Gde. Spiez, 9800 Einwohner)
Auf aussichtsreichem Hügel die 1960 erbaute Kirche. Beim Bau der Fundamente wurden Überreste einer Burg und der ehemaligen Columbankapelle gefunden.

Gunten (Gde. Sigriswil, 3550 Einwohner)
Der beliebte Ferienort Gunten liegt zur Hauptsache auf dem ausgedehnten Schuttkegel des Guntenbaches. Mehrmals erlebte das Dorf schwere Verwüstungen, wenn über dem weitläufigen Einzugsgebiet zwischen Blueme und Sigriswilgrat heftige Gewitter niedergingen, letztmals am 20. Juli 1937.
Gunten wird urkundlich erstmals 1239 erwähnt. Der Name stammt aus der romanischen Sprache und bedeutet am Scheideweg (nach Sigriswil).
Reservat Amez-Droz: Zum Andenken an den Brückeningenieur Henri Amez-Droz-Dodd schenkte dessen Witwe im Jahre 1936 ihre Besitzung im Herzogenacker dem Schweizerischen Naturschutzbund mit folgender Zweckbestimmung: «Das Grundstück soll als Pflanzen- und Tierreservation nach Möglichkeit in unverändertem Zustand belassen werden und insbesondere der Schuljugend im Sinn und Geist der Naturschutzbestrebung dienen.» Das Gebiet wurde durch eine Abtretung der Gemeinde Sigriswil und zwei Zukäufe auf mehr als 3 ha vergrössert. In der kleinen Hütte im Areal befinden sich einige Bestimmungsbücher und eine Beschreibung des Reservates. Pflanzen- und Tierwelt vermitteln einen typischen Einblick in die Riviera des Thunersees.

Gwatt (Gde. Thun, 36 900 Einwohner)
Der Name Gwatt weist auf einen Ort hin, wo in Zeiten hohen Wasserstandes im See «gewatet werden muss». Bei der Bus-Haltestelle die geschützte, vielhundertjährige

Bettlereiche, gegenüber das Gasthaus «Lamm» und etwas weiter stadtwärts das bedeutende Bonstettengut, umfassend Stöckli, Bauernhaus und hinter hoher Mauer den hübschen Landsitz Bellerive des ehemaligen Landvogtes von Erlach, Emanuel Friedrich Fischer. In diesem Gebäude ist ein Teil der Musikschule Thun untergebracht. Die ganze Besitzung wurde 1962 durch den Staat Bern und die Gemeinde Thun erworben. Der prächtige seeseitige Teil steht als öffentliche Anlage zur Verfügung.

Habkern (580 Einwohner)
Habkern, ehemals reichsfrei, gelangte 1275 durch König Rudolf an den Freiherrn Walter von Eschenbach und später an das Kloster von Interlaken. Erfolglos widersetzten sich die Habkerer der Reformation und wurden «mit anderen Aufständischen zu Paaren getrieben». Bis 1665 gehörte Habkern kirchlich zu Unterseen, seither besitzt es eine Kirche und ist selbständig.
Die ausgedehnte Berggemeinde gliedert sich in die vier Bäuerten Bort, mittlere Bäuert, Bohlseiten und Schwendi. Das Tal wird vom wilden Lombach und seinen zahlreichen Zuflüssen entwässert. In Jahrtausenden hat er, gemeinsam mit der Lütschine von Süden her, das gewaltige Schwemmland des Bödeli gebildet, und noch in unserer Zeit sucht man neues Unheil durch kostspielige Verbauungen und Aufforstungen im Einzugsgebiet zu verhindern. In seinem Bachbett und an vielen Stellen des unteren Habkerntales finden sich grössere und kleinere Granitsteine mit rötlichbraunen, olivgrünen, schwarzen und weissgrauen Einlagen, die nicht dem Granit unserer Alpen entsprechen. Man nennt sie daher exotische Blöcke oder kurz Habkerngranit, obwohl kein heutiger Berg im ganzen Alpengebiet aus solchem Gestein besteht. Südöstlich von Habkern befindet sich der grösste exotische Block auf dem Luegiboden, einer Terrasse aus eiszeitlichem Gletscherschutt. Sein Inhalt wird auf 5000 Kubikmeter geschätzt. Es ist ein prachtvoll rot, schwarz und weiss gesprenkeltes Gestein. 1852 wurde ein Stück von ihm der Eidgenossenschaft an das Nationaldenkmal in Washington geliefert. Heute ist dieser mächtige Zeuge aus grauer Vorzeit Eigentum des Naturhistorischen Museums Bern.

Heiligenschwendi (750 Einwohner)
Heiligenschwendi ist der Gemeindename, ein Dorf gleicher Bezeichnung gibt es nicht. Gegenüber Goldiwil befindet sich der Weiler Dörfli und rund um die bekannte Höhenklinik Heiligenschwendi – die 1891 von den beiden Hauptförderern Dr. Glaser und Dr. Schwab angeregt und 1895 als erste Volksheilstätte für tuberkulöse Kranke eröffnet wurde – liegen am Hange die sonnigen Höfe von Schwendi, an der Strasse Pensionen, Ferienhäuser, die Post und zahlreiche Nebengebäude der Klinik.

Hilterfingen (3600 Einwohner)
Hilterfingen, das Dorf des Hiltolf, wird mehrmals in alten Chroniken erwähnt. 1222 war die Kirche Filiale von Einigen. Die Gegend muss schon sehr früh bewohnt gewesen sein, was Funde von römischen Münzen sowie Alemannengräber auf dem Eichbühl und bei Hünegg beweisen. Kaum eine andere Kirche hat eine derart anmutige Lage wie diese am Rande des Schneckenbühls. Sie besitzt bunte Fenster, die aus vorreformatorischer Zeit stammen, 24 Szenen aus dem Leben Jesu darstellend.
Wenn auch frühere Aufzeichnungen, wonach der Ort zwischen Reben und Obstgärten

liege, nur noch teilweise zutreffen, darf eine neuere Fassung mit Recht wiederholt werden: Hilterfingen liegt in einer Parklandschaft von unvergleichlichem Reiz. Das wissen und schätzen die vielen Feriengäste, die sich alljährlich hier einfinden, um sich zu erholen. Die gutbesuchte Segelschule bietet ihnen dabei willkommene Abwechslung.
Das Schloss Hünegg (Jugendstilmuseum), vor gut einem Jahrhundert erbaut, gehört samt dem Park dem Staat Bern und der Gemeinde Hilterfingen.

Hünibach: Das ganze Gebiet rund um das Restaurant «Chartreuse» gehörte früher den Karthäusermönchen von Thorberg. Heute ist diese Parklandschaft fast vollständig und uneinheitlich überbaut.

Interlaken (4850 Einwohner)
Im frühen 12. Jahrhundert wurde auf der Schwemmebene zwischen Thuner- und Brienzersee, nach einer Urkunde «inter lacus» (d. h. zwischen den Seen) genannt, das Augustinerkloster gegründet. Während es anfänglich unter dem Schutz von Kaiser Lothar III. gestanden hatte, übernahm bereits 1224 die Stadt Bern diese Aufgabe. In einer Urkunde wird in dieser Zeit erstmals das Frauenkloster erwähnt. Durch aktive Bodenpolitik und auch durch die Vorzugsstellung, die das Kloster von der Stadt Bern erhielt, wurde Interlaken das begütertste Gotteshaus im Bernbiet. Mitte des 14. Jahrhunderts stand das Kloster auf dem Höhepunkt seiner Macht. Das Dorf Inderlappen (das heutige Unterseen) gehörte ebenfalls dem Kloster, das die Befehls- und Strafgewalt ausübte. Sämtliche Bewohner waren den Gotteshausleuten zinspflichtig. 1484 wurde das Frauenkloster aufgehoben «wegen eingerissener Unordnung und Sittenlosigkeit der Frauen daselbst, weil dasselbe (Kloster) durch ihre Nachlässigkeit in Zeit von 12 Jahren zweimal abgebrannt und die Zahl der Nonnen auf 8 oder 9 herabgesunken». Nach der Reformation (1528), während deren Verlauf sich das Kloster Bern widersetzt und mit Hilfe der Unterwaldner für kurze Zeit das Städtchen Unterseen besetzt hatte, wurde das Klostergut verstaatlicht. Für die Bewohner des Dorfes, das später den Namen Aarmühle bekam, änderte sich allerdings wenig. An Stelle der kirchlichen war die staatliche Macht getreten.
Im 18. Jahrhundert bereisten die ersten «Touristen» das Oberland. Sie stiegen aber meist nicht im Wirtshaus, sondern beim Pfarrhaus ab, da sie hier besser und freundschaftlicher bewirtet wurden. Der berühmteste Gast dieser Zeit war sicher J. W. Goethe. Gegen Ende des Jahrhunderts nahm die Zahl der Reisenden beträchtlich zu. In diese Zeit fallen auch die Anfänge des Alpinismus (Erstbesteigung der Jungfrau 1811). Die arme Bevölkerung begann im Dienste der Fremden zu arbeiten. Im Laufe des 19. Jahrhunderts wurden die Verkehrswege verbessert, was den Touristenstrom anschwellen liess. Anfänglich erreichten die meisten Reisenden das Bödeli (die Ebene zwischen Thuner- und Brienzersee) per Schiff im Neuhaus und wurden mit Kutschen in den Kurort gebracht. Später wurde in mehreren Etappen die Zugsverbindung mit Thun und Bern hergestellt. Die Strecke der Bödelibahn wurde 1969 stillgelegt. 1891 wurde das Dorf Aarmühle umgetauft. Es erhielt den allgemein gebräuchlichen Namen Interlaken. Um die Jahrhundertwende zählte man in Interlaken bereits über 100 000 Gäste pro Jahr. Die Zahl der Touristen, die Interlaken, vor allem aber auch dessen Umgebung, jährlich besuchen, ist bis heute um ein Vielfaches angestiegen.

Justistal (Gde. Sigriswil)
Ein hinten breites und ebenes, in der Mitte durch Felsstürze gestuftes, unterhalb Grön schluchtartig eingeschnittenes, enges Tal, das über ein Delta zum See ausmündet. Bekannt durch den jeweils Ende September im Speicherberg stattfindende Kästeilet, der Jahr für Jahr viele Besucher anzuziehen vermag. Reich verzierte Käsespeicher.

Leissigen (660 Einwohner)
Die Edlen des Ortes zählten zu den Dienstmannen der Freiherren von Unspunnen. Alte, sehenswerte Kirche. Leissigen besass bis vor hundert Jahren ein Band mit starker Schwefelquelle. Ratsherr Haller, alt Landvogt zu Peterlingen (Payerne), liess es 1780 nahe am See erstellen. Heute besitzt Leissigen eine bedeutende Gipsfabrik, die das Rohmaterial in gleicher Gegend ausbeutet, wo die Schwefelquelle zutage trat, vor allem in der Nähe von Rotenbühl.

Merligen (Gde. Sigriswil, 3550 Einwohner)
Am Fusse der wilden Flühe des Sigriswiler Grates und der Niederhornkette mit dem Justistal dazwischen liegt Merligen an der Mündung des Grönbaches in milder, geschützter Lage am See. Alte Fischerhäuser und Speicher blieben trotz des furchtbaren Brandes vom 11. April 1898 noch erhalten. Das Dorf hat früher unter den Ausbrüchen des jetzt korrigierten Grönbaches stark gelitten. Ein Besuch der das Dorf überragenden, ganz in Naturstein gehaltenen Kirche (1937) ist des besonders schönen Ausblicks auf Thunersee und Niesen wegen sehr empfohlen. In Merligen pflegten einst die Reisenden auszusteigen, die mit dem Schiff von Thun herkamen, um den Wallfahrtsort Beatushöhlen zu besuchen. Von hier an benützten sie den vor einigen Jahren wieder neu erstellten Pilgerweg. Heute ist Merligen mit Interlaken über die sogenannte «Nase» durch eine «Axenstrasse» im kleinen verbunden. Sie folgt den sehr steilen Hängen und Flühen des Beatenberges, führt durch mehrere in den Fels gesprengte Galerien und bietet einen prächtigen Ausblick auf den See und die Berge.

Neuhaus (Gde. Unterseen, 4550 Einwohner)
Seit alters her war hier die Hauptlandestelle am oberen Thunersee, wo die Waren umgeladen wurden und die Reisenden an Land gingen. Hier entstiegen am 9. Oktober 1777 Goethe und der Herzog Karl August von Weimar dem Ruderschiff, und später landeten auch Lord Byron, Viktor Scheffel, Mendelssohn und andere. Die französische Kaiserin Josephine kam in einer Prachtsgondel angefahren, die man eigens für sie vom Bielersee nach Thun transportiert hatte. Als 1798 die Franzosen in die Schweiz einbrachen, landeten bei Neuhaus Tag und Nacht Flüchtlinge aus Bern, die sich nach Brienz in Sicherheit bringen wollten. Besonders reges Leben herrschte im Neuhaus vor und nach den Hirtenfesten in Unspunnen. Noch heute ist das Neuhaus ein beliebtes Ausflugsziel und vor allem Badeort und Campingplatz, Segel- und Wasserskischule. Dazu trägt auch die unmittelbare Nähe des Naturschutzgebietes Weissenau, eines Vogelparadieses ersten Ranges, bei (siehe daselbst).

Niesen
Der Niesen, diese stolze Naturpyramide der Alpen, schon 1557 touristisch bestiegen und beschrieben, gilt zu Recht zu allen Zeiten des Jahres als der schönste Berg am

Thunersee. Mit 2362 m besitzt er eine der grossartigsten Aussichten in die Voralpen und bietet wie kein zweiter eine umfassende Gesamtschau des Thunerseegebietes. Die Rundsicht wetteifert in der seltenen Vereinigung der herrlichen Tiefblicke auf die Seen, Täler, Dörfer, Matten, Wälder und der überwältigenden Pracht der näheren und ferneren Vor- und Hochalpen vom Titlis bis zum fernen Mont-Blanc. Die Fernsicht reicht über das Mittelland bis zum Jura, zu den Vogesen und zum Schwarzwald. Je nach Tageszeit und Sichtverhältnissen tritt die eine oder andere Landschaft hervor. Ein föhnklarer milder Herbsttag vermag auf dem Niesen besonders zu beglücken. Hotel mit 20 Betten, Panorama gezeichnet von S. Simon.

Oberhofen (1800 Einwohner)
Wegen seines milden, nebelfreien Klimas wird Oberhofen, am rechten, sonnigen Seeufer gelegen, die Riviera des Thunersees genannt. Hübsche Landsitze entstehen immer wieder auf den aussichtsreichen Abhängen, und zahlreiche Gäste aus aller Welt geniessen die Schönheiten dieser Landschaft. Der älteste Dorfteil schmiegt sich an den nordwestlich vorspringenden Schneckenbühl. In neuerer Zeit wurden zunehmend Gebäude auf dem breiten Schuttkegel des oft ungebärdigen Riedernbaches erstellt. Ausser von Überschwemmungen wurde das Dorf vor allem durch die Brände von 1663 und 1864 heimgesucht.
Auch geschichtlich ist einiges von Interesse. Ritter Seliger von Oberhofen gründete 1130 das Kloster Interlaken. Die Klosterleute werden den Weinbau in dieser Gegend hochgebracht haben, der in jüngster Zeit wieder zu hohen Ehren gekommen ist. Seeaufwärts am Fusse der Rebberge finden wir das mittelalterliche Heidenhaus, das die Weintrotte enthält und den Freunden des «Oberhofners» oft gastliche Aufnahme gewährt.
Bis zur Vereinigung mit Bern im Jahre 1652 gehörte Oberhofen verschiedenen Rittergeschlechtern. Der Anführer der Berner in Murten 1476, Niklaus von Scharnachtal, sei als ehemaliger Besitzer besonders erwähnt. Das stolze Schloss aus dem 12. Jahrhundert am See kannte manchen Besitzer, teilweise aus Rittergeschlechtern. Es diente als Sitz der bernischen Landvögte, bis es zuletzt vom Amerikaner Mr. Measy (gest. 1967) einer Stiftung geschenkt wurde. Schloss (Museum für Wohnkultur) wie auch der prächtige Park sind der Öffentlichkeit zugänglich. Anschliessend neben dem südländisch anmutenden Schlosspark die wunderbare öffentliche Parkanlage der sogenannten Wichterheer-Besitzung. Uralte, seltene Bäume, sorgfältig gepflegte Blumenanlagen, eine gediegene Churchill-Gedenkstätte und zahlreiche Sitzgelegenheiten laden zum Verweilen ein. Das geräumige Haus steht heute an einem der schönsten Flecken des Thunersees direkt an der Hauptstrasse und dient als Jugendherberge. Angegliedert ist ebenfalls ein modernes Hallenbad.

Reutigen (800 Einwohner)
Dieses behäbige, typische Dorf am schattigen Ostausläufer der Stockhornkette besitzt eine sehenswerte Kirche. Vor einigen Jahren entdeckte man darin seltene Wandmalereien, die heute nach sachkundiger Auffrischung ihresgleichen suchen. Es sind vor allem Bilder aus der Leidensgeschichte Jesu, ein überlebensgrosser Christophorus und das Jüngste Gericht. Sie stammen vermutlich aus dem 15. Jahrhundert. Reutigen gehörte auch zu der Herrschaft der Strättliger.

Schwarzenegg (Gde. Ober- und Unterlangenegg, 1450 Einwohner)
Auf dem sonnigen Hochplateau zwischen dem tief eingeschnittenen Graben der Zulg und jenem der Rotachen befinden sich die Dörfer Ober- und Unterlangenegg, die in der weitläufigen Kirchgemeinde zusammengefasst sind. Der Sigriswilergrat, die Sieben Hengste und der Hohgant bilden die natürliche Kulisse dieser Landschaft. Die vielen Einzelhöfe und kleinen Weiler haben schon emmentalisches Gepräge, ebenso die Sprache der Bewohner.

Seftigen (1550 Einwohner)
Das Dorf Seftigen liegt in einer geschützten Mulde an der tiefsten Stelle des breiten Moränenrückens, der sich vom Zwieselberg zum Belpberg hinzieht. Seftigen hat als Mittelpunkt des Landgerichtes in der bernischen Geschichte eine bedeutende Rolle gespielt. Es wurde von einem der vier Venner des alten Bern verwaltet und trug ihm jährlich einen ansehnlichen Betrag ein, da es von Belp bis Reutigen und von Rüeggisberg–Blumenstein bis an die Aare reichte.

Sigriswil (3550 Einwohner)
Schönes Dorf und Hauptort der grossen Gemeinde. Sie reicht vom Thunersee bis fast an die Zulg im Eriz und vom Bluemegipfel bis zur Sichle und zur Wasserscheide auf dem Niederhorngrat, elf Ortschaften umfassend: Sigriswil, Endorf, Wiler, Merligen, Gunten, Aeschlen, Ringoldwil, Tschingel, Schwanden, Meiersmaad und Reust. Die Spuren erster Besiedlung reichen weit zurück. Die Kirche gehört zu den 12 ältesten, die in der Umgebung des Thunersees von König Rudolf II. und seiner berühmten Gemahlin Bertha gegründet worden sein sollen. Der Kirchturm trägt die Jahrzahl 933. Schöner gotischer Taufstein aus dem Jahre 1506. Rundum niedere, sonnengebräunte Holzhäuser mit breitem Dach, vermischt mit zahlreichen neuen Chalets in ähnlicher Bauweise. Nach altem Zimmermannsbrauch sind sie oft mit Spruch und Zier versehen, zum Beispiel:

Einfach ist der Weg zum Glück;
wagen und ertragen!
Wandrer, schaue nicht zurück;
vorwärts, ohne Zagen!

Mit berechtigtem Stolz erinnerten sich die Sigriswiler 1947 in einer gediegenen Feier ihres 600jährigen Freiheitsbriefes, der ihnen von Graf Eberhard II. von Kyburg ausgehändigt worden war. Dass die Behörden von Sigriswil jederzeit mit Sorgfalt über ihre Freibriefe und Urkunden wachten, bezeugt auch das Gemeindegewölbe aus dem Jahre 1564 mit den später beigefügten zeitlosen Worten:

«Der Sigriswiler Freiheitsbriefe ich bewach,
Die Freiheit selber zu erhalten, das ist eure Sach.»

Es erscheint äusserst sinnvoll, dass gleich daneben in einem schönen Speicher ein kleines Heimatmuseum eingerichtet wurde und dass er zu Ehren eines vielseitig begabten und tätigen Lehrers den Namen «Adolf-Schaer-Speicher» trägt.
Mit Sigriswil untrennbar verbunden ist auch die Erinnerung an Pfarrvikar Gottlieb

Jakob Kuhn, der in den bewegten Jahren 1799 bis 1806 hier wirkte und dessen Worte und Weisen als wahre Volkslieder unvergessen bleiben werden. Hier nur einige Beispiele:

«Ha-n-am en Ort es Blüemli gseh...»
«I de Flüehne isch mis Läbe...»
«Ach, wie churze-n üsi Tage...»

An der Kirchmauer Gedenk-Relief mit singenden und musizierenden Kindern.

Spiez (9800 Einwohner)
Das Ortsbild von Spiez ist etwas Besonderes: in die Seebucht gebettet, vom Schloss überragt, umgeben von Rebgelände. Es ist der einzige Ort am linken Thunerseeufer, wo edler Wein gedeiht; das beweist die milde Lage des Ortes.
Einige Hinweise zur reichen Geschichte des Schlosses: das romanische Kirchlein und der untere Teil des Schlossturmes mögen im 10. Jahrhundert erbaut worden sein. 1338 verkauften die Strättliger Ritter als erste Besitzer aus Schuldennot Burg und Herrschaft Spiez an den Schultheissen Johann von Bubenberg. Nach dem Erlöschen dieses hervorragendsten Berner Geschlechtes kam die Herrschaft Spiez 1516 an den Reisläuferhauptmann Ludwig von Erlach. Er und seine Nachkommen veranlassten unter Beizug berühmter Fachleute den Weiterausbau. Ganz besonders prachtvoll wurde der barocke Festsaal erstellt. Die Freiherrschaft Spiez dauerte bis 1798. Zu dieser Zeit umfasste sie einen Besitz von rund 310 ha. Seit dem 1. August 1929 bildet die Anlage eine Stiftung, wird durch deren Rat verwaltet und ist der Öffentlichkeit zugänglich. Im Schlosshof das Standbild des Ritters und Verteidigers von Murten Adrian von Bubenberg.

Strättligturm
Auf dem höchsten Punkt des langgezogenen Grates thront der fast versteckte Turm der Edlen von Strättligen, der sich im Besitze des Staates befindet. Berühmt war vor allem Heinrich von Strettlingen, Minnesänger, 1230. Rudolf II. von Burgund, der Gemahl der wohltätigen Königin Bertha, ist der Stifter der 12 ältesten Kirchen am Thunersee, die vom Verfasser der «Strättliger Chronik» Elogius Kiburger zu Einigen, als Filialen dieser Kirche «im Paradies» erwähnt werden: Frutigen, Leissigen, Aeschi, Spiez, Wimmis, Amsoldingen, Thierachern, Uttigen, Scherzligen, Thun, Hilterfingen und Sigriswil. Der Name Strättligen lebt heute noch in verschiedenen Gesellschaften und Vereinen wie z. B. Turnverein, Schützengesellschaft, Samariterverein, Feldmusik, Viehversicherungskasse usw. weiter.

Thun (36 900 Einwohner)
Thun, am Eingang zum Berner Oberland, besitzt eine ausserordentlich bewegte und interessante Vergangenheit. An dieser Stelle können nur einige Hinweise gegeben werden, die zu gründlichen Besuchen an Ort und Stelle und zum Studium der reichhaltigen Literatur veranlassen mögen.
Im Namen Thun ist das gallische «dunon», später «dunum» enthalten, was soviel bedeutet wie «eingezäunte, befestigte Siedlung». Für die Anlage einer solchen eignete sich der heutige Schlossberg besonders gut. Schon 1264 erhielten die Burger von Thun von der Grafenwitwe Elisabeth von Kyburg eine Handfeste. Das wehrhafte Thun

des Mittelalters lag innerhalb starker Mauern, und der Eintritt in die Stadt erfolgte durch die turmgekrönten Tore, die heute nur noch dem Namen nach bekannt sind: Berntor, Lauitor, Scherzligtor, Allmendtor und andere. Von den eingebauten Türmen erfuhr der Chutziturm in der Nähe des Berntores eine mustergültige Erneuerung. Als Erbauer des Schlosses wird Herzog Berchtold V. von Zähringen genannt. Heute enthält das Schloss das Thuner Historische Museum, dessen Bestände von der viertausendjährigen Besiedlung eines von der Natur gesegneten Landstrichs und seiner Geschichte zeugen.
In der Altstadt verdienen besondere Beachtung: Obere Hauptgasse mit Hochtrottoirs, Rathausplatz mit Zunfthäusern, Kirchtreppe, Freienhofgasse mit stilgerecht erneuerten Fassaden.
Abseits der durchgehenden Wanderwege steht die vielbesuchte alte Kirche von Scherzligen an der stillen Aare. Überaus wertvolle Wandbilder wurden 1926 erneuert.
Seewärts anschliessend liegt der öffentliche Schadaupark mit dem rund hundertjährigen Schloss (Restaurant) und dem Wocherpanorama.
Bei der Schiffländte und der Haltestelle der STI am Thuner Bahnhof weisen Orientierungstafeln auf die vielen Wandermöglichkeiten in der Umgebung hin.

Unterseen (4550 Einwohner)
Unterseen ist eine frühmittelalterliche Siedlung, die schon zur Römerzeit bestand. Um 1280 gründete dann Berchtold von Eschenbach das Städtchen «Inderlappen». Der Ort bekam Wall und Graben. Da, wo heute das Schloss mit dem Türmchen steht, wurde eine Burg erbaut, und das Städtchen erhielt seine eigene Verfassung. Berchtold von Eschenbach war der erste Vogt von Unterseen (Interlappen). Da das Kloster Interlaken den Herren von Eschenbach den Grund, auf dem das Städtchen erbaut wurde, als Erblehnen abgetreten hatte, mussten die Unterseener von nun an dem Kloster einen jährlichen Erblehenszins in Form von 3 Pfund reinen Wachses und später noch dazu ein Huhn mit gelben Füssen entrichten. Gegen Ende des 14. Jahrhunderts kam das Städtchen unter bernische Herrschaft. Unterseen wurde für Bern zu einem wichtigen Etappenort auf dem Weg zum Brünig und zu den Waldstätten.

Weissenau
Die einstige Reichsburg war eine Wasserburg. Sie stand auf einer kleinen Insel und wurde rechts und links von je einem Wasserarm der Aare umflossen. Da in ihrer nächsten Nähe der Weg vom Unterland ins Oberland über die Aare führte und zudem drüben beim heutigen Neuhaus die meisten Schiffe landeten, die über den Thunersee herauf gefahren kamen, beherrschte die Burg den Zugang zum Oberland und damit auch den Übergang über den Grimselpass. Später wurde die Reichsburg zur Herrschaft Weissenau erhoben. Im Jahre 1318 verpfändete sie Herzog Leopold von Österreich an die Herren von Weissenburg. Als diese mächtigen Freiherren 1334 von den Bernern besiegt wurden, schenkten die Weissenburger die Herrschaft dem Kloster Interlaken. Dieses fand sich damals schon im Burgrecht der aufstrebenden Stadt, und so erhielt diese Einfluss auf den wichtigen Ort. Nicht lange dauerte es, bis ihr reicher Burger Werner Münzer als Vogt und später als Erblehensherr auf der Weissenau sass. Nach seinem Ableben wurde die Herrschaft seinen drei Töchtern zugeteilt, und von diesen kam sie wieder zurück an das Kloster. Nach dessen Aufhebung zerfiel die Burg nach und nach. Die jetzt restaurierte Anlage zeigt eine typische Wasserburg.

Naturschutzgebiet: Dieses umfasst einen schmalen Ufergürtel von der Aare bis hinunter zum Neuhaus. Es ist ein ausgedehntes Flachmoorgebiet, das durch ein Strandwäldchen und eingestreute Baumgruppen malerisch belebt wird. Eine Unterschutzstellung war früher keine Selbstverständlichkeit. Angesichts der drohenden Gefahr der Überbauung des Seeufers wurde vom ersten Präsidenten des Uferschutzverbandes Thuner- und Brienzersee, Herrn Dr. Hans Spreng, bereits im Jahre 1934 ein erstes Gesuch an den Regierungsrat zum Schutz dieser Uferlandschaft eingereicht. Erst im Jahre 1940 erfolgte eine provisorische Unterschutzstellung, und es dauerte bis 1943, bis die Zone endgültig zum Naturschutzgebiet erklärt wurde. Heute besteht ein weit grösseres Verständnis für solche Schutzbegehren. Der Staat Bern hat in dieser Hinsicht durch die Naturschutzverwaltung ausserordentlich viel getan. Das heute nahezu 50 Hektar umfassende Schutzgebiet enthält in bunter Fülle wohl die meisten einheimischen Wasserpflanzen. Besonders reich an Arten ist hier die Tierwelt. Säugetiere, Vögel, Reptilien und Amphibien sind zahlreich vertreten, am meisten wohl aber die Vögel, die hier ungestört nisten und brüten können. Aber auch Scharen von Durchzüglern lassen sich vorübergehend nieder. Gelegentlich werden sogar seltene Irrgäste beobachtet, so zum Beispiel der Seidenreiher, der im Mittelmeergebiet, in den Donauländern und in Afrika brütet. Mit Ausnahme des Steinadlers, des Storchs und einer kleinen Anzahl von Vögeln, die sich an höheren Berglagen halten, sind hier wohl schon sämtliche Vogelarten der Schweiz beobachtet worden.

Wimmis (1950 Einwohner)
Wimmis am Fusse der Burgfluh und des Niesens wird schon in einer Urkunde von 995 erwähnt unter dem Namen Windemis. Östlich des Dorfes erhebt sich der über hundert Meter höhere, eigenartige Rundbuckel, Pintel genannt. Infolge seiner Lage eignete er sich ausgezeichnet als Standort einer Hochwacht = Chutzen, um den Alarm ins Simmental weiterzugeben. Sein sonniger, windgeschützter Südhang trug die Reben des alten Städtchens Wimmis. Windemis scheint von «Vindemia» = Weinlese abgeleitet. Nach der dritten Belagerung durch die Berner 1337 kam Wimmis zu Bern, und die Weissenburger wurden Burger dieser Stadt. Später wurde das oft vergrösserte, hochgelegene Schloss Sitz der Kastlane und später der Amtsbehörden des Niedersimmentales. Auch die Kirche wurde durch eine gefällige Renovation mit dem Schloss zusammen zu einem schmucken Wahrzeichen des Dorfes. Am Fusse des Schlosses zwei prächtige Findlinge des Kandergletschers: ein Gasterngranit und ein Tschingelkalk aus dem Kandertal.

Die Markierung der Wanderrouten geschieht nach den von den «Schweizer Wanderwegen» aufgestellten Richtlinien. Sie besteht aus Wegweisern mit oder ohne Zeitangabe, aus Richtungszeigern, Rhomben und Farbmarkierungen.
Die angegebenen Marschzeiten basieren auf einer durchschnittlichen Leistung von 4,2 km in der Stunde auf flachem, gut begehbarem Gelände. Abweichungen bei Steigungen, Gefälle oder schwierigem Gelände sind mitberücksichtigt. Rastzeiten sind nicht eingerechnet.

Wanderrouten (gelbe Markierung)
Wege für jedermann, die mit gewöhnlichem Schuhwerk und ohne besondere Gefahren begangen werden können.

Wegweisertafel mit Zeitangabe

Richtungszeiger

Rhombus und Farbmarkierung

Bergrouten (weiss-rot-weisse Markierung)
Wege, die *grössere Anforderungen* an die Ausrüstung des Wanderers in bezug auf *wetterfeste Kleidung* und *geeignetes Schuhwerk mit griffigen Sohlen* stellen. Das Begehen von Bergwegen erfordert *besondere Vorsicht* und *Bergtüchtigkeit.*

Wegweisertafel mit Zeitangabe

Richtungszeiger

Rhombus und Farbmarkierung

Kartenverzeichnis

Als wertvolle Ergänzung zum Wanderbuch steht ein reichhaltiges Kartenmaterial zur Verfügung.
Die Ortsnamen und Höhenangaben dieses Buches sind in der Regel der Landeskarte der Schweiz 1 : 25 000 oder dem Offiziellen Kursbuch der Schweiz entnommen.

Wanderkarten 1 : 50 000, Herausgeber: Berner Wanderwege
Thunersee, Kümmerly + Frey
Berner Oberland Ost, Kümmerly + Frey
Berner Oberland West, Kümmerly + Frey
Emmental, Napf, Entlebuch, Kümmerly + Frey
Gantrisch, Blatt 253 T der Landeskarte der Schweiz.
Interlaken, Blatt 254 T der Landeskarte der Schweiz.
1 : 14 500
Spiez und Umgebung, Herausgeber: Verkehrsverein Spiez.

Landeskarte der Schweiz 1 : 25 000

Blatt 1206	Guggisberg	Blatt 1226	Boltigen
Blatt 1207	Thun	Blatt 1227	Niesen
Blatt 1208	Beatenberg	Blatt 1228	Lauterbrunnen
Blatt 1209	Brienz	Blatt 1229	Grindelwald

Gast- und Unterkunftsstätten ausserhalb der Ortschaften

Aeschiried	Chemihütte, Restaurant
	Pochtenfall Suld, Restaurant
Beatenberg	Berghaus Niederhorn
Eriz	Linden, Restaurant
	Rütegg, Restaurant
Erlenbach	Stockhorn, Berghaus
Forst	Tell, Restaurant
Höfen	Hohlinden, Restaurant
Homberg	Kreuz, Restaurant
Mülenen	Niesenkulm, Hotel Berghaus
Ringoldswil	Krindenhof, Gasthaus (Sommer)
Schwanden	Rothorn, Gasthaus
	Stalden, Hotel Restaurant
Steffisburg	Schwandenbad, Restaurant
Uebeschi	Weiersbüel, Restaurant
Zwieselberg	Glütsch, Restaurant

Der Niesen mit seinen einzigartigen Proportionen. Im Vordergrund Merligen (Routen 12, 14, 15, 25, 31, 47 und 49).

Auskunftsstellen
Berner Wanderwege, Postfach 263, 3000 Bern 25, Telefon 031 42 37 66

Verkehrsvereine (alphabetisch geordnet)
Verkehrsverband Berner Oberland, Interlaken

Beatenberg	Beatenberg und Habkern
Thun-Ost	Verkehrsverband Thunersee in Thun; Varka Aeschlen; Goldiwil; Gunten; Heiligenschwendi; Hilterfingen; Merligen; Oberhofen; Schwanden; Sigriswil; Steffisburg; Thun
Thun-West	Blumenstein Gemeinnütziger Verein; Ortsleiste: Allmendingen, Dürrenast, Gwatt, Neufeld
Spiez	Aeschi; Därligen; Einigen; Faulensee; Krattigen; Leissigen; Spiez; Wimmis

«Der Weg zur Gesundheit ist ein Wanderweg!» Dieses geflügelte Wort beinhaltet viel:
Wandern ist der Schlüssel zu Gesundheit und Erfolg.
Wandern heisst Begegnung mit Natur, Kultur und Umwelt.
Wandern ist der Weg zu sich selbst und zum Mitmenschen.
Wandernd erleben: Wir sind stolz auf unser vorbildlich markiertes Wanderwegenetz. Wollen Sie Ihre Wandererlebnisse vertiefen, helfen Ihnen ausführliche Wanderbücher und genaue Wanderkarten.
Was so alles dazugehört: Achten Sie auf die Ausrüstung: gute Wanderschuhe mit griffigen Sohlen sind die beste Voraussetzung für eine glückliche Heimkehr. Gute Dienste leisten auch Rucksack, Sonnen-, Regen- und Kälteschutz, Ersatzwäsche, Taschenapotheke, elastische Binden und Verpflegung.
Apropos Verpflegung: Besonders geeignet sind Schwarzbrot, Trockenfleisch, Käse, Dörrfrüchte, Nüsse und Tee. Berggasthäuser und Bergrestaurants sind nicht immer geöffnet. Telefonieren lohnt sich!
Bernerland – Wanderland! Die Vielfalt unseres Bernerlandes bietet jedermann etwas. Besonders zu empfehlen sind Wanderungen
- im Mittelland: zu jeder Jahreszeit,
- im Jura und in den Voralpen: ab Frühling bis in den Herbst, zum Teil auch im Winter (die Verkehrsvereine erteilen gerne Auskunft),
- in den Alpen: über der Waldgrenze ab Ende Juni bis zum ersten Schnee im Herbst.

Wandern – der Weg zur Natur. Wandern Sie trotzdem auf den Wegen und nicht daneben! Halten Sie sich dabei an die markierten Routen.
Rücksichtnahme gross geschrieben. Jeder verantwortungsbewusste Wanderer schont Wälder, Wiesen und Felder, schliesst Weidegatter, achtet fremdes Eigentum, ist vorsichtig mit Feuer, gönnt den Tieren die Ruhe und nimmt die Abfälle mit nach Hause und nicht die Blumen.
Die unberechenbaren Berge. Verkennen Sie nie die Gefahren der Berge. Ein Wetterumschlag (Sturm, Regen, Schnee, Nebel) kommt schneller als Sie denken.
Vom falschen Ehrgeiz. Wandern ist eine ausgewogene Erholungsart. Falscher Ehrgeiz und Überschätzung der eigenen Kräfte beeinträchtigen das Wandererlebnis!
Wir und das Wandern. Wir befassen uns seit beinahe 50 Jahren mit dem Wandern. Unsere Erfahrung ist gross. Haben Sie Wanderprobleme, rufen Sie uns an (Geschäftsstelle der Berner Wanderwege, Bern, Tel. 031 42 37 66)!

Viel Vergnügen wünschen Ihre Berner Wanderwege

Gehen ist gesund. Gehen macht munter und verschafft das beglückende Gefühl der Freiheit. Technik und Beton haben den Menschen der Natur entfremdet – der Wanderweg bringt ihn zu ihr zurück.
Die Berner Wanderwege setzen sich ein für die Schaffung, Erhaltung und Sicherung des echten, das heisst möglichst motorfahrzeug- und immissionsfreien Wanderweges. Sie treten ein für ein erholsames Wandern als sinnvolle Freizeitbeschäftigung und unterstützen die Bestrebungen zum Schutze von Natur und Heimat.
Die Berner Wanderwege wurden 1937 als gemeinnütziger Verein in Bern gegründet. Sie stellen ihre Dienste der Öffentlichkeit zur Verfügung. Ihre Hauptaufgaben umfassen die einheitliche Planung und Markierung der Wanderwege, die Mitarbeit bei der Projektierung und beim Bau von Wanderwegen, die Information mittels Durchführung von geführten Wanderungen und Herausgabe von Wanderbüchern, Wanderkarten und der Zeitschrift «wandern» sowie die Förderung von Massnahmen zum Schutze der Wanderer und der Wanderwege.
Im Laufe der Jahre konnten im Kanton Bern über 9000 km Wanderwege markiert werden. Dem Skiwanderer stehen heute 350 km einheitlich markierte Ski-Wanderwege im Kanton Bern zur Verfügung. In 21 Wanderbüchern und 7 Wanderkarten ist jede Route eingehend beschrieben und genau verzeichnet. Über 10 000 Mitglieder (Einzelpersonen, Firmen, Vereine, Gemeinden und Transportunternehmen) tragen mit an der ganzen Aufgabe. Trotz sehr grossem materiellem Aufwand (Markierung 1986 Fr. 260 000.–, Wegebau 1986 Fr. 150 000.–) kann die Finanzierung grösstenteils aus eigenen Anstrengungen sichergestellt werden. Die Einnahmen setzen sich folgendermassen zusammen: Mitgliederbeiträge 20%, Wegmarkenaktion (Strassenverkauf) 10%, Staatsbeitrag 7%, Seva-Beiträge 8%, Eigenleistungen (geführte Wanderungen, Verkauf von Wanderbüchern und -karten, Ertrag aus verschiedenen Dienstleistungen) 55%.
Mit grosser Sorge verfolgen die Berner Wanderwege die Verstrassung der Wanderrouten. Gestützt auf einen Forschungsbericht aus dem Jahre 1980 muss angenommen werden, dass im Kanton Bern jährlich eine Wegstrecke von 135 km (!) verstrasst wird. Durch Verlegung oder Neubau können dagegen jährlich 80 km der Verstrassung entzogen werden. Die Berner Wanderwege verweisen mit Stolz auf diese Tatsache. Eine grosse Anstrengung ist aber auch weiterhin zu leisten.

Weitere Auskünfte über die vielfältige Tätigkeit der Berner Wanderwege erteilt gerne die Geschäftsstelle BWW, Postfach 263, 3000 Bern 25, Telefon 031 42 37 66.
Wer gerne wandert, wird Mitglied der Berner Wanderwege.

Amman H.:	Die Anfänge der Stadt Thun. Zeitschrift für Schweizer Geschichte. 1933
Beck P.:	Über die Entstehung der Beaten- und Balmfluhhöhlen am Thunersee und die Geologie ihrer Umgebung. SA aus dem Jahrbuch des SAC 1957
Berner Heimatbücher:	Band 20 H. Spreng: Der Thunersee. Bern 1959
	Band 34 E. Gerber und K. L. Schmalz: Findlinge. Bern 1948
	Band 37 A. Schaer-Ris: Die Stadt Thun. Bern 1964
	Band 63 A. Schaer-Ris: Sigriswil. Bern 1955
	Band 64 H. Spreng: Interlaken. Bern 1956
	Band 66 M. Grütter: Tausendjährige Kirchen am Thunersee. Bern 1966
	Band 86 W. Stalder: Aeschi, Bern 1962
	Band 90 A. Schaer-Ris: Hilterfingen–Hünibach. Bern 1963
	Band 96 M. Pfister: Der Hohgant. Bern 1964
Frutiger A.:	Die Kirchen am Thunersee (ill.). Interlaken 1948
Gassner S.:	Der Chorherrenstift von Amsoldingen (Manuskript)
	Schloss Ralligen am Thunersee. Bern 1943
Genge E.:	Die erratischen Blöcke in der Umgebung von Spiez und Wimmis. Spiez 1956
Grosjean G.:	Die Ableitung der Kander in den Thunersee vor 250 Jahren. Interlaken 1963
Grütter M.:	Kunstdenkmäler und Kunstgeschichte im Amt Thun. Thun 1944
Hartmann H.:	Die Beatushöhlen am Thunersee. Bern
Heubach A.:	Die romanische Kirche zu Spiez. Spiez 1951
Hiltbrunner H.:	Ein Buch vom Thunersee. Schweizer Bücherfreunde. 1940
Hofer P.:	Die Sgraffiti im Spiezer Schlossturm (ill.). SA aus der Zeitschrift für Archäologie und Kunstgeschichte. Bern 1940
Howald C.:	Chronik von Sigriswil. Burgerbibliothek Bern
Itten H.:	Naturdenkmäler im Kanton Bern. Haupt Bern 1970
Keller H. G.:	Einigen, die Geschichte einer Dorfkirche. Thun 1946
Knuchel F.:	Geheimnisvoller Beatenberg. Jahrbuch vom Thuner- und Brienzersee. 1948
	Über die hydrologischen Verhältnisse der Beatushöhlen. In Leben und Umwelt. Aarau 1952
Krebser M.:	Thun um die Jahrhundertwende in der Photographie. Thun 1964
Krebser W.:	Thun. Offizieller Plan und Führer. Thun 1950
Kühnrich A.:	Unsere Dorfkirche Einigen. Selbstverlag des Verfassers. 1972
Laederer B.:	Thun in Wort und Bild. Genf 1964
Lüthi V.:	Kirche Aeschi. Kleiner Kunstführer. Basel 1969
Minnig F.:	Portrait der Gemeinde Sigriswil
Rothacher W.:	Chronik von Kirche und Dorfschaft Blumenstein. Thun 1974
Rubi Ch.:	Wunder am Wendelsee. Bern 1979
Schaer Ad.:	St. Beatushöhlen. Bern 1947
	600 Jahre Sigriswil. Bern 1947
Schmid B.:	Die Wandmalereien in der Kirche von Reutigen. Bernische Zeitschrift für Geschichte und Heimatkunde. Bern 1954/2
Schmitter H.:	Benz, Erzählung zum Kanderdurchstich. Bern 1960
Spreng H.:	Bilder aus der Geschichte von Unterseen. Interlaken 1963
Schweiz. Kunstführer:	Stadtkirche Thun. Basel 1974
	Scherzligen/Schadau. 1973
	Wocherpanorama
Tavel R. von:	Ring i der Chetti. Lebensgeschichte Adrians von Bubenberg. Bern 1931
UTB	Jahrbuch vom Thuner- und Brienzersee
Wellauer W.:	Alt Wimmis, Gesammelte Aufsätze. Wimmis 1957
Zeller H.:	Steffisburg. Bilder aus der Geschichte von Dorf und Landschaft. Thun 1967

Bücher, die im Buchhandel nicht mehr erhältlich sind, können bei der Schweizerischen Landsbibliothek, Hallwylstrasse 15, Bern, leihweise bezogen werden.

Die Ziffern 1–55 beziehen sich auf die Routennummern. Bei den angegebenen Seitenzahlen finden sich die heimatkundlichen Notizen.

Wanderbücher

Bern
3060 Berner Wanderrouten
3062 Berner Jura
3082 Jura bernois (f)
3063 Oberaargau–Bucheggberg
3064 Seeland
3065 Emmental
3066 Bern–Gantrisch–Schwarzenburgerland
3067 Thunersee
3068 Brienzersee–Oberhasli
3069 Jungfrau-Region
3081 Jungfrau-Region (e)
3070 Frutigland
3071 Simmental–Diemtigtal
3072 Saanenland
3073 Passrouten
3080 Mit dem Bäre Abi zum Wanderweg

Graubünden
3601 Surselva/Bündner Oberland
3602 Hinterrheintäler–Misox
3603 Lenzerheide–Oberhalbstein–Albula
3604 Arosa–Chur–Bündner Herrschaft
3605 Landschaft Davos–Prättigau
3606 Unterengadin
3607 Oberengadin
3608 Bergell
3609 Puschlav
3610 Engadina/Engadine (i/f)
3611* Engadine (e)

Wallis
3621 Aletsch–Goms–Brig–Simplon
3622 Leukerbad–Lötschental
3623 Visp–Zermatt–Saas Fee–Grächen
3624* Val d'Anniviers– Val d'Hérens–Montana (d)
3625* Val d'Anniviers– Val d'Hérens–Montana (f)
3626 Dents du Midi–Grand-St-Bernard–Les Diablerets (d)
3627* Dents du Midi–Grand-St-Bernard–Les Diablerets (f)

Tessin
3641 Lugano
3642 Locarno
3643 Tre Valli, Leventina–Blenio–Riviera
3644 Ticino/Tessin (i/f)

Westschweiz
3651 Jura (d)
3652 Jura (f)
3653 Freiburgerland (d)
3654 Pays de Fribourg (f)
3655 Jura vaudois (f)
3656 Est du Pays de Vaud (f)
3657 Neuchâtel (f)

Nordwestschweiz
3661 Regio Basel
3662 Solothurn
3663 Aargau

Ostschweiz
3671 St. Gallen–Appenzell–Liechtenstein
3672 Toggenburg–Churfirsten–St. Galler Oberland
3673 Glarnerland

Zentralschweiz
3681 Luzern–Pilatus–Rigi
3682 Hochdorf–Sursee–Willisau
3683 Entlebuch
3684 Obwalden–Engelberg
3685 Nidwalden
3686 Uri
3687 Schwyz
3688 Vierwaldstättersee

Durchgehende Routen
3401 Alpenpassroute
3402 Gotthardroute
3403 Mittellandroute
3404 Rhein-Rhone-Route
3405 Hochrheinroute
3406 Alpenrandroute
3407 Basel-Sion-Route
3408 Schwarzwald-Veltlin-Route
3409 Porrentruy–Grand-St-Bernard
3410 Jurahöhenwege (d)
3411 Chemins des crêtes du Jura (f)

Rundwanderungen
3180 Mittelland–Jura
3181 Berner Oberland
3182 Graubünden
3183 Wallis
3190 Valais (f)
3184 Tessin
3185 Westschweiz
3191 Pays Romand (f)
3186 Nordwestschweiz
3187 Ostschweiz
3188 Zentralschweiz
3189 Zürcherland

Wanderkarten

Bern
0801 Jura bernois–Seeland
0802 Emmental–Oberaargau
0803 Berner Mittelland
0804 Jungfrau-Region–Oberhasli
0805 Saanenland–Simmental–Frutigland

Graubünden
0811 Surselva
0812 Hinterrheintäler–Misox
0813 Prättigau–Albula
0814 Unterengadin
0815 Oberengadin

Wallis
0821 Aletsch–Goms–Brig–Simplon
0822 Visp–Zermatt–Saas Fee–Grächen
0823 Val d'Anniviers–Val d'Hérens–Montana
0824 Dents du Midi–Grand-St-Bernard–Les Diablerets

Tessin
0831 Tessin/Sopraceneri
0832 Tessin/Sottoceneri

Westschweiz
0841 Fribourg–Gruyère–Lausanne–Yverdon

Nordwestschweiz
0851 Solothurn

Ostschweiz
0861 Schaffhausen–Winterthur
0862 Zürich
0863 Thurgau–Bodensee
0864 St. Gallen–Toggenburg–Appenzellerland
0865 Glarnerland/Walensee

Zentralschweiz
0871 Luzern, Ob- und Nidwalden
0872 Schwyz–Zug, Vierwaldstättersee
0873 Uri

Jura
0881 Aargau–Basel-Stadt–Basel-Land–Olten
0882 Delémont–Porrentruy–Biel/Bienne–Solothurn
0883 Chasseral–Neuchâtel–Val de Travers–Ste-Croix
0884 Lausanne–La Côte–St-Cergue–Vallée de Joux

Holiday maps
0901 Berner Oberland 1: 120 000
0902 Graubünden 1: 120 000
0903 Wallis 1: 120 000
0904 Tessin 1: 120 000

MTB-Führer
3301 BIKE-Erlebnis Schweiz Band 1
3302 BIKE-Erlebnis Schweiz Band 2

Velokarten
0501 Schaffhausen–Winterthur
0502 Zürich
0503 Bodensee–Thurgau
0504 St. Gallen–Appenzell
0505 Zug–Schwyz–Uri–Glarus
0506 Berner Oberland
0507 Basel–Aargau
0508 Luzern, Ob- und Nidwalden
0509 Oberaargau–Biel, Solothurn
0510 Bern–Thun–Fribourg, Emmental
0511 Franches-Montagnes, Ajoie–Laufental
0512 Neuchâtel–Pontarlier, Trois Lacs
0513 Lausanne–Vallée de Joux
0514 Lausanne–Bulle–Fribourg
0515 Genève
0516 Lugano–Bellinzona–Locarno–Varese
0517 Sargans–Chur–Domleschg
0531 Schweiz/Suisse/Svizzera 1: 275 000

* in Vorbereitung